京师外语学术文库

生态学理论视角下中国中小学英语教师信念发展研究

孙晓慧 著

外语教学与研究出版社
FOREIGN LANGUAGE TEACHING AND RESEARCH PRESS
北京 BEIJING

图书在版编目（CIP）数据

生态学理论视角下中国中小学英语教师信念发展研究 / 孙晓慧著．-- 北京：外语教学与研究出版社，2022.3（2022.10 重印）
（京师外语学术文库）
ISBN 978-7-5213-3397-8

Ⅰ．①生… Ⅱ．①孙… Ⅲ．①中小学－英语－师资培养－研究 Ⅳ．①G633.412

中国版本图书馆 CIP 数据核字（2022）第 042976 号

出 版 人　王　芳
责任编辑　李婉婧
责任校对　闫　璟
封面设计　彩奇风
出版发行　外语教学与研究出版社
社　　址　北京市西三环北路 19 号（100089）
网　　址　http://www.fltrp.com
印　　刷　北京九州迅驰传媒文化有限公司
开　　本　650×980　1/16
印　　张　12.5
版　　次　2022 年 3 月第 1 版　2022 年 10 月第 2 次印刷
书　　号　ISBN 978-7-5213-3397-8
定　　价　49.90 元

购书咨询：（010）88819926　电子邮箱：club@fltrp.com
外研书店：https://waiyants.tmall.com
凡印刷、装订质量问题，请联系我社印制部
联系电话：（010）61207896　电子邮箱：zhijian@fltrp.com
凡侵权、盗版书籍线索，请联系我社法律事务部
举报电话：（010）88817519　电子邮箱：banquan@fltrp.com
物料号：333970001

《京师外语学术文库》
总序

为推动学科建设与发展，北京师范大学外国语言文学学院决定推出《京师外语学术文库》系列学术研究成果，包括专著和经过修改的高质量博士学位论文。

北京师范大学外国语言文学学院的前身是1912年建立的北京高等师范学校英语部。在过去近一个世纪的风雨历程中，她不断发展壮大，形成了今天在教学和科研两方面齐抓并重的学科特色，与北京师范大学建设“综合性、有特色、研究型世界知名高水平大学”的发展目标保持一致。

北京师范大学的外国语言文学学科在全国同行中位居前列。学院设有英文系、日文系、俄文系、公共外语教学部等教学单位，设有外国语言学研究所、外语教育与教师教育研究所、外国文学研究所、外语测试与评价研究所、比较文学与翻译所、日语教学研究所、翻译教学与研究中心等学术研究机构，另有一个校级科研机构——北京师范大学功能语言学研究中心。目前设有英语语言文学和俄语语言文学两个二级学科博士点、四个硕士点以及外国语言文学博士后科研流动站。

北京师范大学外国语言文学学院继承优秀的人文传统，发扬严谨求实的学风，与时俱进，开拓创新，以教学推动科研，以科研促进教学，教学科研双轨并行；每年除了派出师生出国访学进修或参加国内外学术会议外，还定期独立或联合召开各类学术研讨会；近年来获得各级各类科研项目和奖励数十项，在国内外重要学术刊物和出版社发表了大量研究著述。

北京师范大学外国语言文学学院矢志为我国外国语言文学学科的发展做出更多贡献。这里推出的正是为实现这一愿望所做的尝试。这套丛书初步拟定出版高水平学术专著20部左右，每批推出3-5部，逐渐形成规模和特色，首先重点推出北京市重点学科“英语语言文学”方面的建设成果。书稿主要来自我院教师的研究成果；内容涉及外国语言学及应用语言学、外国文学、翻译与文化研究、外语教育与教师教育诸方面。书稿遴选首先鼓励院内教师个人申请，然后递交院学术委员会审核，通过认可的稿件，送出校外聘请同行专家进行匿名评审；评审意见返回后，由院学术委员会根据评审专家的意见确定入选范围。

在这里，我们要衷心感谢各位匿名评审专家以及外语教学与研究出版社的大力支持，也恳请海内外同行给予更多关心和扶持。

《京师外语学术文库》编委会

2010 年 1 月

前言

教师信念研究一直是教师专业发展研究中的重要话题。源于20世纪70年代中叶的教师信念研究，在经历了初始阶段（20世纪70年代）、发展阶段（20世纪80—90年代）和巩固阶段（20世纪90年代后）后，逐渐从普通教师的教育与发展研究拓展到外语教育研究领域（郑新民，2004；郑新民、蒋群英，2005；窦岩，2015），并取得了相当丰硕的成果。生态学作为当今快速发展的一门学科，在自然科学和人文社会科学领域广泛应用。近些年来，教育研究尤其是语言教学研究形成了生态学转向（彭剑娥，2015）。本研究旨在从生态学理论的视角，基于Bronfenbrenner（1993）的生态系统理论框架，探究中小学英语教师信念的发展轨迹，描述生态系统中教师作为"全人""社会化的人"的个体能动作用，探究中小学英语教师在与各个生态系统的互动过程中，其教师信念的特征以及发展变化特点，从而全面呈现教师信念发展的生态总貌。

全书共分为六章。

第一章为导论，首先介绍研究背景，随后阐述研究目的、研究内容和研究意义，并对"生态学理论"和"教师信念"两个核心概念进行界定。

第二章分别从生态学理论视角下的教师教育研究和外语教师信念研究两大方面概述支撑本研究的相关理论和文献，其中包括对这两个方面的研究现状以及研究趋势的整体阐述。

第三章分别从研究问题和研究方法两大方面来详细、全面地介绍本研究的研究设计。其中研究方法部分主要包括研究参与者、研究者与研究参与者之间的关系、研究工具、研究步骤、数据的整理与分析方式和研究的伦理性与可信度。

第四章详细阐述了研究结果，并使用大量的原始数据作为例证，深入分析了中小学英语教师在与现行教育体制构建的大系统的互动、与专家团队构建的外系统的互动、与校内教研组构建的中间系统的互动以及与课堂构建的微系统的互动中教师信念发展的特点。

第五章深入探讨了中小学英语教师在与生态系统积极互动中的信念发展轨迹及一般规律，并对中小学英语教师信念影响因素进行了深入分析。

第六章首先总结了本研究的主要发现，陈述了创新点和贡献，然后提出本研究对于中小学在职英语教师专业发展的启示，最后指出本文的局限性和对后续研究的建议。

本研究在研究视角、研究内容和研究方法等方面对我国外语教师教育和教师专业发展领域做出了一定的贡献和创新：（1）在研究视角方面，本研究从生态学视角探究中国中小学英语教师信念发展问题，是对外语教师信念研究视角的全新补充。从生态学视角出发，可以更全面地探究我国中小学英语教师信念与教师所处外部生态环境之间的密切发展关系，从而得到更加详尽的研究结果。（2）在研究内容方面，本书的研究内容更加多元化，在探究中小学英语教师信念在与各个生态系统互动中的发展特点的同时，也从双路径分别分析了中小学英语教师信念对各个生态系统的影响，以及各个生态系统对中小学英语教师信念的影响，并对不同学段英语教师在与各个生态系统互动中的信念发展特点进行了对比和分析。（3）在研究方法方面，本研究采用历时研究方法来探究中小学英语教师信念的发展轨迹，可以更深入、全面地描述我国外语教师的信念发展特点及一般规律，从而丰富我国外语教师教育领域的研究成果。

感谢教育部人文社会科学研究一般项目“生态学理论视角下中国中小学英语教师信念发展研究”（批准号：17YJC740076）资助笔者的研究！

鉴于笔者在生态教育学研究领域还只是一个初学者，本书肯定还存在很多不足，还请广大读者批评指正，在此表示诚挚的谢意！

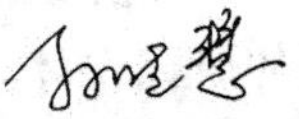

于北京师范大学后主楼

2020 年 9 月

目录

图目

表目

第一章 导 论

本书是教育部人文社会科学研究一般项目“生态学理论视角下中国中小学英语教师信念发展研究”（批准号：17YJC740076）的主要成果。该项目于2017年7月立项，历时3年。本章将首先介绍本研究的研究背景；随后阐述研究目的、研究内容和研究意义，并对“生态学理论”和“教师信念”两个核心概念进行界定。

1.1 研究背景

教师信念研究一直是教师专业发展研究中的重要话题。源于20世纪70年代中叶的教师信念研究，在经历了初始阶段（20世纪70年代）、发展阶段（20世纪80-90年代）和巩固阶段（20世纪90年代后）后，逐渐从普通教师的教育与发展研究拓展到外语教育研究领域（郑新民，2004；郑新民、蒋群英，2005；窦岩，2015），并取得了相当丰硕的成果。

2018年初《普通高中英语课程标准（2017年版）》正式颁布，标志着我国英语课程改革进入了一个新的时期。中小学英语教师作为课程改革的执行者，其信念的转变对于课程改革具有决定性的影响和作用，正如郑新民和蒋群英（2005）所言，从某种意义上来说，教师信念研究是确保改革成功的关键所在。因此，在我国英语课程改革的大背景下，探究中小学英语教师的信念发展问题至关重要。

生态学作为当今快速发展的一门学科，在自然科学和人文社会科学领域广泛应用。近些年来，教育研究尤其是语言教学研究形成了生态学转向（彭剑娥，2015）。“生态学视角不仅将交互作为研究的首要原则，而且将人境互动与发展放到更完整、更复杂的动态环境系统中去考察，努力还原人与其环境复杂关系的生态本质”（顾佩娅等，2016：100）。由于教师信念与教师所处环境密切相关，外语教师的成长扎根于生活环境，他们与各个生态系统进行着复杂的交互作用。采用生态学理论，能够获取更深入、更科学的研究成果（彭剑娥，2015），因此，从生态学理论的视角来探究我国中小学英语教师的信念发展具有其适切性。

1.2 研究目的与内容

本研究旨在从生态学理论的视角，探究中小学英语教师信念的发展轨迹，描述生态系统中教师作为“全人”“社会化的人”的个体能动作用，以全面呈现教师信念发展的生态总貌。研究内容包括中小学英语教师在与各个生态系统的互动过程中其教师信念的特征以及发展变化特点。

1.3 研究意义

探究生态学理论视角下的中小学英语教师信念发展，具有重要的理论价值和实际应用价值。

首先，运用生态学的理论和思维方式探究我国英语教师信念发展，可以从跨学科的研究视角弥补教育学视角研究方法的不足，拓展我国外语教师教育领域的研究视角，丰富我国外语教师教育领域的研究成果。“在教育领域中，尤其在高等教育领域中，问题的解决，其功夫不在教育之内，而在教育之外。甚至可以这样认为：教育研究只是提出问题，而解决问题要靠跨学科研究”（王伟廉，1999：22）。通过多维的研究视角，跨学科研究能够解决复杂的现实问题。生态学是一门具有普适作用的方法论学科。通过强调个体与环境的交互作用，生态学理论可以拓宽社会科学研究的视角。同时，“外语教师的成长扎根于生活环境，他们与各个生态环境进行着复杂的交互作用。采用生态学理论，能够获得更深入、科学的研究成果”（徐浩，2016：264）。

其次，探究英语教师信念发展、描述英语教师信念发展轨迹可以为我国外语教师专业发展提供重要启示。Kagan（1992：142）指出，“教师信念是教师专业成长最好的测量器”。教师专业发展是提高教育质量的关键所在。教师信念是教师专业发展中的核心组成部分，对教师专业发展具有深远的影响。因此，关注教师信念发展、揭示英语教师信念发展的一般规律，对于促进教师专业发展、提升教师专业素养、提高教育质量具有重要意义。

最后，探究英语教师信念发展对于助推我国外语课程改革的顺利进行具有重要实践价值。Nunan（2003）指出，如果教师的信念与课程改革所坚持的理念不相符，那么自上而下的教育改革则无法取得预期效果。在当前教育国际化和大数据时代背景下，我国外语教学领域正在经历一场深刻的改革与创新。这场改革对教学目标、课程设置、教学模式、课程评价、师资培训等诸多方面提出了更高的要求。作为课堂教学的组织者、决策者和实施者，教师在多大程度上接受并贯彻教学改革倡导的新理念对教学改革具有决定性影响和作用（项茂英等，2016）。在教学改革工程这个大转盘上，没有教师的观念变革、积极参与和实际行动，一切改革将很难取得较好的成绩（夏纪梅，2000）。关注教师在与其生态系统交互中的信念发展，对于顺利实施我国外语课程改革的理念具有重要意义。

1.4　相关概念界定

1.4.1　生态学理论

"生态学"（ecology）一词源于希腊文，由"oikos"和"logos"两个词根组成，前者意为"房屋"或"居住地"，后者为"论述""研究"之意。究其本意，生态学是"研究住所的学问"（宋改敏、陈向明，2009：51），是"研究有机体或有机群体与其周围环境的关系的科学"（Hawley, 1950：3）。Bronfenbrenner（1993）所提出的生态学理论对教师教育研究具有重要的指导意义。Bronfenbrenner 将生态环境看作一组同心的、嵌套的系统，根据与个体的密切程度由中心往外，依次为微系统（microsystem）、中间系统（mesosystem）、外系统（exosystem）和大系统（macrosystem）（如图 1.1 所示）。

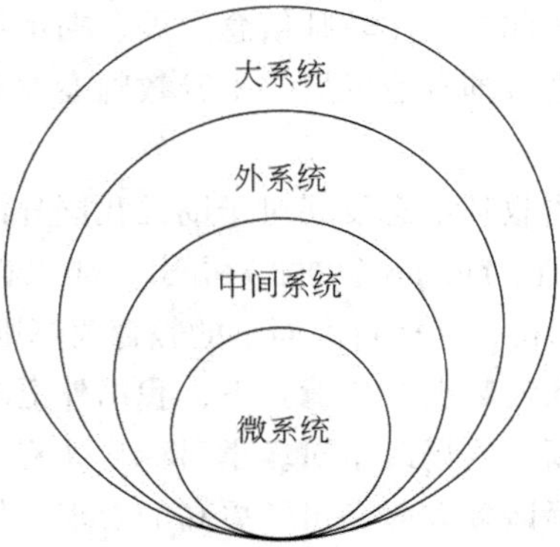

图 1.1　生态系统理论框架（Bronfenbrenner，1993）

微系统是个体活动和参与人际交往的直接环境，对个体的发展产生最直接的影响。例如，外语教师所工作的课堂、学校、家庭就是其个体发展重要的微系统。中间系统指“发展中个体积极参与的两个或多个情景之间的联系和进程”（Bronfenbrenner，1993：22），亦即个体的微系统之间的交互作用关系。例如，一名外语教师授课的课堂、家庭以及所在的教研组等之间的连接就构成了中间系统。外系统指“两个或多个情景之间的联系和进程，其中起码有一个情景不包含发展中个体，但是其中的事件对他在所居住的当下环境中的进程具有间接影响”（Bronfenbrenner，1993：24）。例如，高校外语教师所构成的专家团队对于中小学外语教师来说就是一个外系统。大系统指“微系统、中间系统和外系统所共有的，反映某一文化、亚文化及其他更大社会结构的总体模式，特别指总体模式所涵盖的激活发展的信念系统、资源、危险、生活方式、机会结构、生活道路选择、社会更替模式”（Bronfenbrenner，1993：25）。例如，我国现有的社会意义及教育体制就构成了教师所在的大系统。

本研究根据 Bronfenbrenner（1993）所提出的生态系统理论框架，将我国中小学英语教师所处的生态系统归纳为如下图 1.2 所示。

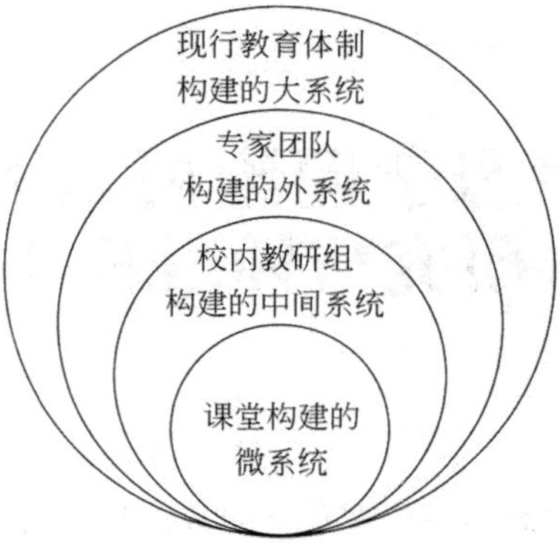

图 1.2　中国中小学英语教师生态系统框架

从图 1.2 可以看出，中国中小学英语教师生态系统包括现行教育体制构建的大系统、专家团队构建的外系统、校内教研组构建的中间系统和课堂构建的微系统四个层面。本研究将基于此生态系统框架，探究中国中小学英语教师信念的发展。

1.4.2　教师信念

随着 20 世纪 90 年代以来我国对外语教学改革的高度重视，外语教师教育也成为重要的研究领域。在“社会文化转向”（Johnson，2006）理论的影响下，外语教师教育研究从早期的关注教师知识、教学能力等转向以‘全人’视角、关注教师的信念、情感、职业诉求等专业发展研究”（彭剑娥，2015：37）。Borg（2003）提出，教师信念（teacher beliefs）是教师在教育教学领域自认为可以确信的看法，通常包括教师对课堂教学、语言、语言学习、学习者、教师角色、课程改革、教师专业化等问题的看法。基于 Borg（2003）对教师信念的界定，本研究中的中小学英语教师信念主要指教师对于英语课程设计、教学方法、评估方式、教学资源和师生角色等不同维度的信念。

第二章　生态学理论视角下的教师教育研究与外语教师信念研究

本章将分别从生态学理论视角下的教师教育研究和外语教师信念研究两大方面概述支撑本研究的相关理论和文献，其中包括对这两个方面的研究现状以及研究趋势的整体阐述。

2.1　生态学理论视角下的教师教育研究

2.1.1　研究现状

生态学理论因其强调个体与环境的交互作用，近些年来，在教师教育研究中日益受到关注，特别是教师发展的生态研究日渐成为焦点。宋改敏和陈向明（2009）总结了教师专业成长研究的三种观点，即理智取向、实践—反思型取向和生态学取向。其中，生态学取向是将教师“置于成长的时空构架中去看待教师的专业成长”（宋改敏、陈向明，2009：51）。生态取向的教师专业化发展超越了理智取向、实践—反思取向中主要关注教师本身的局限，转而关注教师专业的背景、专业图景中各因素的关系，强调团队的合作与和谐，而在更大的视野下看待教师的专业发展问题（王建军，2004）。朱伟和王跃平（2012）进而提出生态取向的教师专业发展途径：以名家领航为导向，以教研组为基地，以名师工作室为依托，以高校引领为特点。

生态学理论视角下的教师教育研究处于起始阶段，重要的实证研究成果不多，仍有待进一步丰富。徐浩（2016）将此类实证研究主要归为两类：（1）研究设计与生态学理论相符，研究个体与环境的交互作用对教师的信念、情感、教学目标制定等方面的影响（如 Gao & Xu，2014；

Zhang & Liu，2014）;（2）明确指出采用生态学理论，并以具体的理论框架阐释研究结果（如 Cross & Hong，2012；Hwang，2014；宋改敏，2011）。此外，徐浩（2016）认为，朱旭东（2011）在回顾西方 20 世纪 70 年代以来的教师信念研究中提到部分研究的共性是“把教师信念置于教师所在的即时社会环境中（课堂、学校、家庭、国家、社会等）”“关注教师信念产生的文化、社会、国家等大环境和课堂中的具体教学环境”，这些研究虽然不一定有“生态理论”的标签，但都可以归为生态文化理论框架之下。

同时，生态学理论也受到国内外语教师教育研究的重视。但是，目前很多文献着眼于理论研究，重要的实证成果不多（徐浩，2016），如戴炜栋和王雪梅（2011）提出，在信息化环境下，外语教师的专业发展应该包含信息与通信技术素养、网络教育叙事研究能力、网络元评价能力，并参照 Bronfenbrenner（1993）的生态系统框架，提出了外语教师专业发展的网络生态环境系统，为研究外语教师专业发展做出了理论贡献。周颖（2012）的研究旨在了解网络教育生态系统中英语教师的生态位，该研究以北京一所网络教育学院 206 名在读学生为研究对象，采用问卷调查、访谈、师生之间的 MSN 语聊等数据收集方式，发现在网络教育生态系统中，英语教师拥有不可或缺的地位，承担着师友、朋友、导师及专家的角色，发挥着学业指导和心理疏导的作用。

一些学者探讨了生态学视角下英语教师的角色定位。例如，刘彬（2018）认为，要用生态视角来对英语教师的生态角色进行定义，这样才能够创造出具有民主、和谐的英语课堂生态系统，并展现出“人与环境”之间的教育生态学基本思想，从而能够让外语教学实现可持续化的发展。他提出，英语教师是生态课堂的设计者、教学过程的组织管理者、生态关系的协调者、开放式生态系统的引路者、学生的综合评价者、教育实践的反思者。徐利（2019）提出，在新教育生态视域下，英语教师应成为教学环境的创造者、生态关系的协调者。

也有一些学者从生态学的角度探讨了外语教师专业发展的特征，并提出了教师专业发展的问题以及解决策略。例如，段慧茹（2018）从教育生态学的角度探讨了高校外语教师专业发展的四大生态特征，即生命性与持续性、有机性与平衡性、整体性与系统性、动态性与关联性，并依据该生态特征分析了教师专业发展的生态因子，阐述了高校外语教师专业发展生态环境的构建问题。李文俊（2015）提出，英语教师的专业发展生态系统就是教师之间各种信息和能量交换的系统，是一个有生命的系统，有着生态系统同样的特点，即整体性、关联性和平衡性；但是也有一些生态系统不具备的特点，即组织性、创新性和学习性等。英语教师的生态系统中比较重要的特点就是学习性和创造性。王凯（2018）从教育生态学的视角出发，提出现阶段大学英语教师专业发展遇到的问题，即教育生态环境不平衡、教学目标不够明确、知识体系不够完善以及学习水平停滞不前。李晓兰（2018）提出，中学英语教师专业发展的内部环境与外部环境在一定程度上存在着生态失衡现象，如对教师的评价单一化、教师培训与教师发展需求不平衡等。王思豫（2019）提出，教师专业发展的生态环境由内部生态环境和外部生态环境组成。其中，内部生态环境主要包括高校英语教师专业的教育体系、知识结构、终身学习能力等因素，这些因素与教师专业发展息息相关，影响着教师专业发展的内部生态环境。她认为，高校英语教师专业发展存在的主要问题有大学英语教师专业发展不尽合理、高校英语教师专业生态系统中生态因子限制主导因子发展，具体解决策略包括以科学发展观为指导，促进高校英语教师专业的生态化发展，构建高校英语教师专业能力发展的支持性生态环境以及树立以学生为中心的教学思想。

从已有研究来看，在生态学理论视角下的教师教育研究领域中，罕有学者从生态学视角探究英语教师信念问题，因此，有关生态学理论视角下英语教师信念问题仍有待进一步深入探究。

2.1.2 研究趋势

外语教师本身是发展着的个体，是沿着明确的专业技术道路不断发展的个体。他们在职业生涯中，需要在外语知识、学科专业知识、教学能力等方面不断提升，在课堂、学校、学术圈等各个环境中与同事、同行等交流互动。从生态系统的角度探究外语教师专业成长的环境，能够展示更全面的教师发展图景，因此，生态学理论视角在我国外语教师教育研究领域具有适切性，并且生态学视角对外语教师教育研究具有高屋建瓴的理论意义（徐浩，2016）。

生态学理论强调个体与环境的互联性、互依性和互动性（Kramsch & Steffensen，2008），同时既关注环境中的个体，又强调发展中的个体，因此从研究趋势来看，生态学理论视角下的外语教师教育研究应更加注重从整体观来规划研究设计，在研究设计上考虑过程、个人、情景和时间要素，同时注重采用历时研究方法来研究教师与生态系统互动中的成长轨迹。本研究试图从生态学理论的视角，基于 Bronfenbrenner（1993）的生态系统理论框架，采用历时研究方法来探究中小学英语教师信念的发展轨迹，以其丰富的生态学理论视角下外语教师教育研究成果，更深入、全面地描述我国外语教师的信念发展，最终为促进外语教师的专业发展做出应有的贡献。

2.2　外语教师信念研究

自 20 世纪 80 年代以来，受教育研究领域重要研究成果的影响，国外学者开始从事外语或二语教师信念的相关研究。项茂英等（2016）基于对六种应用语言学期刊的统计分析，回顾并总结了 1990 至 2014 年国外语言教师信念的相关研究，她们的研究发现，语言教师信念研究主要围绕教师信念内容、教师信念与教学行为相关性、教师信念影响因素、教师信念与教师专业发展等四个方面展开。解冰等（2018）对我国英语教师信念研究进行了回顾与评述，归纳出国内英语教师信念研究的六个研究热点，即影响英语教师信念的因素、教师信念与教学行为的关系、英语教师信念与专业发展、职前教师与在职教师信念对比、中学英语教师语法教学信念、大学英语教师自主学习信念。其中，前三个领域与项茂英等（2016）综述的国外语言教师信念研究趋势相一致，而后三个领域分别反映出我国师范生群体数量庞大、中学英语教师重视语法知识讲授和大学课程改革强调自主学习的社会现实。本研究将结合项茂英等（2016）和解冰等（2018）的研究成果，从教师信念内容、教师信念与教学行为的关系、教师信念影响因素以及教师信念与教师专业发展等四个方面进行阐述。

2.2.1 教师信念内容研究

在教师信念内容研究方面，教师信念内容涵盖与语言教学相关的各个方面，包括教师对语言教学、语言学习、教师角色、教学方法等的理解、看法以及教师知识等问题。项茂英等（2016）在回顾国外语言教师信念内容的相关研究时提出，把语言教学视为一个整体，探讨教师对之理解与看法的研究最多，而与"教"密切相关的语言学习信念也是研究重心之一。就具体教学法和教学内容而言，交际语言教学和语法教学信念研究数量较多，任务型教学和写作教学信念研究有所涉及，阅读、听说等其他语言技能教学的信念研究未有出现。近年来，研究者开始关注教师信念与情感关系以及教师对学习者自主、教师自主等问题的看法和理解。另外两个成果较为集中的领域是教师对自我身份、角色的认识或者好教师的标准，和教师教学法知识、个人实践知识等的探讨。

总体而言，教师对"教"和"学"的看法是研究的重点，例如，Brown（2009）通过问卷调查对比教师和学生对外语教学的看法，Orafi和 Borg（2009）侧重考察教师对交际教学法的看法以及交际教学法的课堂实施情况，而 Busch（2010）重点考察职前教师语言学习信念。周恬（2014）通过问卷调查的方法调查了高校英语专业教师对教学、学习和学生这三方面所持信念的现状。研究发现，高校英语教师的教学信念已不是传统意义上单一的以教师为中心，而是正在向以学生为中心过渡。这种既非教师中心又非学生中心的教学信念体现了现在大学英语专业教师的挣扎。这些研究从不同角度探究教师对语言教学或语言学习的理解，能为优化课程设计、提高教学效果、有效实施课程改革等提供借鉴与参考。

国内一些学者（夏纪梅，2002；刘熠、许宏晨，2018；郑新民、蒋群英，2005；战菊，2010 等）也将研究重点集中在描述教师信念内容和特征方面。例如，战菊（2010）通过深度访谈获取语料，并且采用拉波夫评议分析模式，分析了 9 位大学英语教师的叙事，探讨了大学英语教师的信念及其对教学的影响，研究发现，教师的信念并非一成不变。有些教师的信念处于动态的变化过程之中，会经常感到困惑。但是也有一些教师的信念则是多年不变。刘熠和许宏晨（2018）采用混合方法，调查了我国高校英语教师对于学习者自主学习的信念，包括教师对于自主学习能力的定义、培养学生自主学习能力的课堂教学方法、教师作用、以及文化、心理、年龄因素对自主学习影响的相关信念。研究发现，学习者自主学习的教学理念得到了高校英语教师的一致认可，教师对于自主学习能力的定义理解也较为清晰，但在具体实践中如何提高学习者自主学习能力则较为模糊，文化、心理及传统教育模式等因素影响着教师对于这一教学理念的有效实施。于子帧（2019）采用访谈、课堂观察以及书面资料收集等研究方式对高校优秀青年大学英语教师信念及其特点进行了一项个案研究。研究发现，在英语语言观方面，教师们均对语言认知能力观表示认可。除此之外，有的教师还比较认可语言工具观、语言天赋能力观或语言意义功能观。在英语教学观方面，教师们在教学目标、教学内容、教学重点、教学方法、教学工具和学生学习评定信念方面基本趋于一致，但在教学目标和教学内容设定的依据、文化知识内容讲解涉及到的国家和教学方法、把握教学重点的方法、教学工具的种类以及学生学习评定的具体内容方面还是有一定的差别。在英语学习观方面，教师们在英语学习困难信念、英语学习方法信念和英语学习动机信念方面基本趋于一致。但在英语学习天赋信念、英语学习本质和特点信念、造成学生英语学习困难的原因、英语学习的具体方法以及调动学生英语学习动机的具体方式的信念方面，还是有一定的差别。在师生角色观当中，教师们都认为在大学英语课堂中教师主要扮演着指导者的角色。除此之外，有的教师还认为在大学英语教学中，教师还主要扮演着帮助者、启发者、主导者、学生学习质量的控制者或精神导师的角色。在教师个体专业发展观方面，教师们会通过学习和教学科研的方式来促进自身专业的发展。除此之外，有的教师还会通过教学反思、教学实践或参与书籍和教材的编写来提高自身专业的发展。

2.2.2　教师信念与教学行为关系研究

国内外学者对教师信念与教学行为二者之间一致与否的问题目前仍没有给出统一的答案，因此，该问题也一直是教师信念研究领域的热点之一。一些学者认为，教师信念与教师的教学行为比较一致，例如 Burns（1992）支持信念与课堂教学相一致的说法，他认为信念指导着教师的思想和行为。Farrell 和 Kun（2007）发现，教师的教学基本反映了他们的教学信念。国内学者杨鲁新（2010）采用历时定性个案的研究方法，对北京某重点大学三位英语写作教师进行了一学年的跟踪调查，探讨其写作教学信念与实践。通过分析课堂观察、访谈、教案等多种数据，发现三名教师的教学信念与其实践保持一致。也有一些学者发现，教师信念与教师的教学行为具有部分一致性。例如，高强和秦俊红（2010）采用问卷调查与个案研究相结合的研究设计，探究了我国 396 名大学英语教师语法教学信念与课堂教学实践的关系，其研究发现，大学英语教师的语法教学信念与课堂教学实践之间具有部分的一致性。李雪（2016）的研究发现，大学英语教师的阅读教学信念与课堂教学实践具有一定的一致性，他们的教学信念可以指导其教学实践，在课堂决策、教学方法、活动设计等方面都能体现出他们的教学信念，并且通过课堂实践，他们也会对自己的教学信念不断进行补充、修改和完善，两者相互影响。陈红和郭春宁（2009）以江苏省一所教育部大学英语教学改革示范点院校的大学英语教师作为受试对象，从教学方法、教学材料、教师角色、英语课堂与网络自主学习环境以及教学评价五个方面对其在 Blended Learning 模式下所持有的教学信念做了调查，研究发现，自大学英语教学改革实施七年来，大学英语教师的教学信念与教改所倡导的信念基本一致，但也存在不贴切的现象。

也有一些学者发现，教师信念与教师的教学行为存在脱节的现象。例如，Lee（2009），Phipps 和 Borg（2009）的研究表明，教师的教学行为与他们的教学信念存在脱节现象。国内学者楼荷英和寮菲（2005）的研究也发现，由于受诸多因素影响，大学英语教师教学信念与课堂教学行为存在脱节的现象。高强和刘琳（2013）通过对我国 325 名大学英语教师的问卷调查与其中 4 名教师的个案研究，探讨了大学英语教师的听力教学信念及其与教学实践的关系，研究结果表明，大学英语教师充分肯定听力教学在大学英语教学中的重要地位，认为听力教学应兼顾听力语篇的宏观背景与微观细节，但在教学实践中他们并不能完全践行自己的教学信念，两者之间时有脱节现象发生。黄敏和 Bond（2018）采用问卷调查、课堂观察和访谈的方法，对 32 名大学英语教师进行了信念和行为的双向考察，研究结果表明，大学英语教师对学生自主学习的信念和其教学行为之间存在脱节的现象。

还有一些学者发现，教师信念与教师的教学行为基本不一致，并且教师信念与教师的教学行为具有显著差异性。例如，陈冰冰和陈坚林（2008）对33位大学英语教师的教师信念进行了问卷调查，其研究发现，大学英语教师的信念和实际课堂教学现状并不相符，先进的信念并没有真正地在教学实践中落实下去。周兵红（2018）的研究发现，高中英语教师教学信念与教学行为呈现出显著差异。窦岩（2015）的研究表明，我国的大学外语教师的教师信念可以明确地归纳为五类。在这五类教师信念中，其信念强度大多存在明显差异。如果按其信念强度，五类外语教师信念可依次排列为：教师角色观、外语教学与评估观、课程设置观、外语学习观和语言观。在具体教学过程中，属于外语教学与评估观的大多数外语教师信念难以实施。其中，最难以实施的信念是教师不应该使用同一标准来评价所有学生。覃成强（2007）发现，教师的教学信念和课堂教学实践之间呈现出不一致的关系。王亚男（2016）的研究表明，高中英语教师语法教学信念与语法教学行为的关系不一致，其信念高于行为。此外，李艳（2011）和潘婷（2017）的研究发现，高中英语教师的语法教学信念与其教学行为既有一致性，也存在不一致的情况。

教师信念与教学行为的关系研究本身具有其复杂性，其主要原因是教师教育研究情景复杂、难以控制，变量具有不可操纵性（张莲，2008）。基于已有研究，解冰等（2018）认为，关于教师信念与教学行为的关系这一领域的研究往往聚焦在what（差异是什么）和how（差异有多大）的层面，即关注教师的认知层面，而对why（导致差异的原因）的分析往往局限在研究启示或者结语当中，缺乏从社会文化角度的解读与系统分析。

2.2.3　教师信念影响因素研究

在教师信念影响因素方面，Barcelos和Kalaja（2011）认为，教师信念是一个复杂、依赖情境的、动态的系统，它的形成和发展受到诸多因素的交互影响。由于信念成因的不确定性及研究方法的复杂性，教师信念影响因素这一领域的产出相对较少（项茂英等，2016）。

Borg（2003）认为，语言教师信念的影响因素主要包括4个：教师作为学习者的经历（schooling）、专业课程培训（professional coursework）、教学实践（classroom practice）和外部环境（contextual factors）。其中，探究外部环境的很多研究（如 Orafi & Borg，2009；Zhang & Liu，2014 等）表明，教师的教学信念和教学行为受各种外部环境因素的影响和制约。这些外部环境因素包括教育政策、考试制度、教育文化等宏观环境因素，还包括学校文化、学生特点和期望、教师工作量、同事关系、教学资源、教师工作考核指标等微观环境因素。此外，张凤娟和刘永兵（2011）的研究显示，外语教师信念受到外部环境因素和教师个人因素的共同影响，外部环境因素包括考试和学校文化等，教师个人因素包括教师专业发展观和学历等，其中对教师信念影响最大的因素是教师专业发展观。龙美如和解冰（2019）开展了中学专家型英语教师信念的个案研究，提出影响中学专家型英语教师信念的因素从来源上可以分为内部因素和外部因素，其中外部因素包括海外学习经历的触动、学校文化、学生水平的助推和院校合作等。朱虹萍（2013）的研究发现，教师自我效能感、教师经验、学生表现以及同事等与高中新入职英语教师信念呈显著正相关，工作压力与高中新入职英语教师信念呈显著负相关，并且学生表现和教师自我效能感对高中新入职英语教师信念具有较强的预测性。崔淑婷（2014）提出，职前英语教师的教育经历中任课教师的个人魅力、教学方式、风格等因素对其早期信念的形成具有重要影响。江淑燕（2014）和储娟（2015）的研究均发现，教育实习影响英语职前教师的教学信念发展，而且这种发展在个体间存在一定的差异。此外，自上而下的国家和当地的课程改革（荆莉，2013）和教师教育培训项目如“国培计划”等（熊紫薇，2015；张庆宗等，2015；朱玲佳等，2015）都是助推教师信念发展的外部因素。

影响教师信念的内部因素主要包括教师知识、教师能力、教师人格等（徐泉，2011），教师的学习经历、年龄、教龄、职称和性别显著影响其信念（丁仁仑，2014）。但也有研究发现，这些因素不是构成教师信念差异的显著性因素，教师的自我效能感是主要内因（王飞飞，2009）。龙美如和解冰（2019）的研究发现，影响中学专家型英语教师信念的内部因素包括早期个人经历、教学效能感和自主发展能力。应碧燕和洪明（2014）提出，反思是影响教师信念变化的主要内因之一。

从已有研究来看，教师信念影响因素方面的研究主要聚焦外部和内部两大因素，但相对而言，对内部影响因素的研究不仅数量少、研究不够深入，而且存有争议（解冰等，2018）。并且，目前的研究多为横断面研究，缺乏对教师信念影响因素的历时分析，研究内容多为影响教师信念的具体因素，缺乏从整体对教师信念因素的分析，且研究思路主要是单路径探究影响教师信念的因素，缺乏从双路径探究教师信念与其影响因素的相互关系。

2.2.4　教师信念与教师专业发展研究

教师信念与教师专业发展的研究得到了高度的关注。教师信念已经成为教师教育和发展研究领域的重要课题。越来越多的研究已经证实教师教育对教师信念的影响。例如，Cabaroglu 和 Roberts（2000）针对为期 36 周的现代外语教学中级课程对职前教师信念的影响进行了调查研究，结果发现，接受调查的 20 位语言教师中 19 位认为培训课程使他们的信念发生了变化，有 2 位更是反映其教学信念发生了重大改变。Borg（2011）等的研究也发现教师教育会影响教师信念。此外，也有学者探讨了教师信念对教师专业发展的影响。例如，张杰和兰晶（2015）提出，每个大学英语教师都有自己的教师信念，因而，他们自身的教学信念会对他们所教授的科目、教学组织形式、课堂教学等方面有着非常关键的影响。而大学英语教师专业化的教学实践中的心理成长就受到很大影响，进而影响到大学英语教师专业化发展。

我国对教师信念及其专业发展的研究主要是“他者视角”，即学者对其他教师进行个案研究和质化分析。近年来开始有学者从“自我研究”的视角进行剖析，拓展了研究的广度（解冰等，2018）。例如，薛国军（2011）以自我研究、叙事探究和人种志研究为方法论基础，对教师专业发展过程中的教师信念重建进行个案研究，研究结果表明，教师在继续学习和培训过程中，教师的专业发展不仅牵涉到教学技能和教师知识的发展，更重要的是教育理论的学习和教育理论素养的升华；教育理论学习对教师个人教育信念的形成和重塑有很大的影响和重大的意义。

教师信念与教师专业发展相互影响。教师信念是专业发展的结果，而信念的转变本身又是一种较为深层次的教师专业发展（陈艳清，2006）。该领域的研究还有待进一步拓展研究空间。

2.2.5 教师信念研究趋势

孙强等（2016）提出，教师信念的动态系统研究、语言教学具体学科中的教师信念研究以及教师信念与行为的关系研究是国外教师信念研究领域的主要研究主题，对我国研究具有重要的启示意义。我国语言教师信念研究从21世纪初起步，与国外相比研究成果总量偏少。特别是针对教师教育和教师信念关系的研究相对较少，未对教师信念的影响给予足够关注（周燕，2008）。研究对象相对单一，以在职大学英语教师为主，对职前教师或新手教师的信念研究较少。研究方法以问卷调查、课堂观察和访谈为主，其他研究工具运用较少；对教师信念的静态研究较多，动态研究较少（项茂英等，2016）。教师教学经验处于不断积累之中，自我反思能力日益提高，因此，有必要开展基于经验和能力变化发展的教师信念动态研究，跟踪记录教师的成长轨迹。动态研究有助于勾勒出教师职业成长过程中的关键事件，解释教师信念发展的一般规律。

在研究方法方面，项茂英等（2016）的研究发现，语言教师信念研究方法主要体现两个特点：第一，实证研究占据主流地位，基于文献分析的非实证研究仅占少数。第二，在实证研究中，质性方法使用最多，且呈现阶段性稳步增长的趋势；量性方法使用最少，且呈现阶段性减少趋势；混合方法从无到有呈现快速发展趋势。从研究工具来看，研究者采用多种手段收集资料，包括访谈、问卷调查、课堂观察、课堂实录、日志分析、刺激性回顾、实验法等，其中访谈使用最多，问卷调查、课堂观察、日志分析的使用较为突出。有声思维、人种志研究、传记研究等得到初步应用，这说明随着研究的发展，研究者借助更多工具深度聆听教师内心深处的“声音”。这些不同研究工具在资料收集过程中的结合方式及其优势、特点需经更多研究的验证。尽管近年来我国外语教师研究方法呈现多样化特点，但量性研究依旧强劲（张培，2013）。教师信念研究需要捕捉到看不见、摸不着的认知现象的内容、结构和变化过程，因此需要进一步加强运用质性研究方法，丰富资料收集手段，尝试使用内省、有声思维、人种志研究等不同的质性研究工具。

此外，解冰等（2018）从研究理据、研究主题和研究对象等方面对教师信念研究的未来研究趋势进行了阐述。在研究理据方面，国内英语教师信念研究主要从教师的认知层面展开，而国外语言教师信念研究已经不再局限于认知派的理论框架内。因此，在未来研究中，我们也应走出“认知派”或“社会派”的局限，从研究需要出发，兼容并蓄，这将促进研究视角、方法和内容的多元化；在研究主题方面，应加强对教师信念形成和发展过程的研究，突出学科特色和具体知识技能特点，加大对教师信念和行为差异产生原因及如何促进二者一致性方面的研究；在研究对象方面，今后的研究需更多关注数量庞大的基础教育领域的英语教师群体。此外，针对职前英语教师的信念研究应与师范院校的教师教育类课程建设和教学改革相结合。

2.3　本章小结

本章分别从研究现状和研究趋势两个方面出发，对生态学理论视角下的教师教育研究和外语教师信念研究进行了综述。其中，外语教师信念研究从教师信念内容、教师信念与教学行为的关系、教师信念影响因素以及教师信念与教师专业发展等具体方面对已有研究进行了阐述。在回顾与评述已有研究的基础上，研究者认为，从生态学理论的视角出发探究我国外语教师的信念发展问题具有其可行性和合理性。本研究将基于国内外学者关于生态学理论研究和教师信念研究的相关成果，从生态学理论的视角出发，采用量性和质性相结合的混合研究方法来开展基础教育领域外语教师信念的动态研究，从双路径分析教师信念与其影响因素的相互关系，以此探究教师信念的发展轨迹，解释教师信念发展的一般规律，从而丰富我国外语教师信念研究的成果。

第三章 生态学理论视角下中国中小学英语教师信念发展研究设计

本章将分别从研究问题和研究方法两大方面来详细全面地介绍本研究的研究设计。其中研究方法部分主要包括研究参与者、研究者与研究参与者之间的关系、研究工具、研究步骤、数据的整理与分析方式和研究的伦理性与可信度。

3.1 研究问题

本研究试图从生态学理论的视角，基于 Bronfenbrenner（1993）的生态系统理论框架，探究中小学英语教师信念的发展轨迹。具体研究问题如下：

（1）中小学英语教师在与现行教育体制构建的大系统的互动中，其信念是如何发展的？

（2）中小学英语教师在与专家团队构建的外系统的互动中，其信念是如何发展的？

（3）中小学英语教师在与校内教研组构建的中间系统的互动中，其信念是如何发展的？

（4）中小学英语教师在与课堂构建的微系统的互动中，其信念是如何发展的？

3.2 研究方法

本研究从生态学理论的视角出发，基于 Bronfenbrenner（1993）的生态系统理论框架，采用混合研究方法，用两年时间收集历时数据，开展纵向追踪研究，探寻中小学英语教师在与生态系统的积极互动中的信念发展轨迹，进而揭示中小学英语教师信念发展的一般规律。

3.2.1 研究参与者

本研究采用随机抽样的原则（陈向明，2000），从全国 22 个省份采集问卷样本共计 2080 份（见表 3.1）。同时采用方便抽样的原则（陈向明，2000），从北京、山东等地选择小学、初中、高中英语教师各两名作为个案研究参与者（见表 3.2）。

表 3.1 研究参与者基本信息

所教学段＼教龄	0—5 年	6—10 年	11 年及以上	总计
小学	41	61	119	221
初中	168	191	1129	1488
高中	63	62	246	371
总计	272	314	1494	2080

表 1 呈现了问卷数据的研究参与者基本信息。参与问卷调查的 2080 名中小学英语教师的教龄和所教学段呈现出多样化的特点，从而可以确保研究数据的丰富性和代表性。

表 3.2 个案研究参与者基本信息

姓名（化名）	教龄	所教年级	所在区域
水仙	10	小学六年级	北京市 H 区
茉莉	12	小学五年级	北京市 C 区
百合	15	初二年级	北京市 F 区
牡丹	11	初二年级	北京市 S 区
玉兰	4	高一年级	山东省 Q 市
杜鹃	19	高一年级	北京市 Y 区

表 3.2 呈现了六名个案研究参与者的基本信息。其中既包括教龄 4 年的新手教师，也包括教龄 10 年的骨干教师和教龄 19 年的专家型教师。

研究者充分考虑了个案研究参与者的教龄、所教学段以及所处生态环境等特点，从而可以收集到丰富而真实的研究数据。

3.2.2 研究者与研究参与者之间的关系

研究者相对研究参与者来说是“局内人”还是“局外人”这一问题一直是质性研究者们讨论的一个热点问题，它在研究关系中占有举足轻重的地位，因而也是讨论最多的一个问题。

陈向明（2000：134）指出，“‘局内人’指的是那些与研究对象同属于一个文化群体的人，他们享有共同的（或者比较类似的）价值观念、生活习惯、行为方式或生活经历，对事物往往有比较一致的看法”。根据这一界定，研究者显然不属于“局内人”的行列。如果将六名研究参与者视为中小学英语教师这一文化群体中的成员的话，那么，研究者与六名研究参与者是不属于同一个文化群体之中的。因此，这使得研究者能以一个“局外人”的身份很清楚地看到研究现象的整体结构和发展脉络。但同时“局外人”的身份又给研究者带来了一些障碍，例如，研究者不熟悉研究参与者所处的具体生态环境，为此，研究者采取不断询问的方式虚心向六名研究参与者请教，努力了解他们所处的具体生态环境以及与不同层次生态系统的互动过程，试图使自己尽可能地融入到他们的“世界”，感同身受地理解他们所处的生态环境以及在与不同层次的生态系统互动的过程中各自所持有的教师信念。

研究者身份的公开与否、研究者与研究参与者之间的亲疏关系以及研究者参与程度等也是研究关系中经常要考虑的维度。在本研究开始之初，研究者就向研究参与者公开了自己作为高校研究者的身份，并在之后与他们签订了研究参与者同意书（见附录 1）。

在研究开始之前，我与六名研究参与者均有过接触。因为我与每一位研究参与者都共同参加了一个科研项目，当时我作为高校研究者，负责对她们的教学进行指导。我与六名研究参与者的关系如果按照陈向明（2000：139）对亲疏关系的表述来界定的话，应该是属于“熟悉的”关系。陈向明（2000：139）认为，如果研究者与被研究者之间是“熟人”，研究者会比较容易理解对方。双方可能共同经历过一些生活事件，彼此对对方的个性脾气也有所掌握，因此，在对有关事情进行解释时会有比较丰富的背景知识作为支撑。虽然陈向明（2000：139）也指出“熟人”这一角色也可能给研究带来不良的后果，但是由于六名研究参与者在与我共同参加科研项目的过程中建立了良好的友谊，因此，并没有因为告诉我她们的一些个人隐私而“感到尴尬”，相反，她们更愿意向我“吐露心声”，和我分享她们的教师信念。

此外，在本研究中，研究者是一位观察者。作为观察者，研究者主要观察研究参与者在课堂教学中的行为（包括言语行为与非言语行为）。

3.2.3 研究工具

本研究的研究工具包括问卷调查、深度访谈、课堂观察、教师反思日志等数据收集方式。具体数据数量见表 3.3。

表 3.3　数据收集方式及数据数量纵览

数据收集方式	数　量
问卷调查	2080 份
深度访谈	24 次
课堂观察	18 次
教师反思日志	30 份

3.2.3.1 问卷调查

本研究基于 Bronfenbrenner（1993）的生态系统理论框架和 Borg（2003）对教师信念的界定，从中小学英语教师在与现行教育体制构建的大系统的互动、与专家团队构建的外系统的互动、与校内教研组构建的中间系统的互动以及与课堂构建的微系统的互动四个层面出发，分别对中小学英语教师在英语课程设计、教学方法、评估方式、教学资源和师生角色等五个维度的信念进行调查。调查问卷采取李克特五级量表，分为变化巨大、变化较大、变化一般、变化较小以及没有变化五个级别，分别标注为 5、4、3、2、1。问卷共包括 20 项客观表述题和四项开放式问答题（见附录 2）。研究者将调查问卷制作成问卷星，通过微信形式随机发放，共回收有效问卷 2080 份。

3.2.3.2 深度访谈

为了更好地探究中小学英语教师在与生态系统各个子系统互动过程中其信念的发展变化情况，本研究对六名个案研究参与者进行了深度访谈。深度访谈主要参考了塞德曼（2009：18）提出的深度的现象学访谈结构，即三轮访谈序列："第一轮访谈，探询受访者获得经历的背景；第二轮访谈，让受访者在其所依背景中重构亲历过程的细节；第三轮访谈，鼓励受访者反思其经历对自己的意义"。本研究依据该三轮访谈序列设计了相应的访谈提纲，即三轮访谈主要围绕教师自身教学经历及参加科研项目的背景，教师在与现行教育体制构建的大系统的互动中、与专家团队构建的外系统的互动中、与校内教研组构建的中间系统的互动中以及与课堂构建的微系统的互动中所经历的主要事件的过程和细节，教师在与生态系统各个子系统互动中所经历的事件对其个人教师信念的影响的反思，这三个维度展开（见附录 3）。

此外，由于六名个案研究参与者均参加了由高校专家和中小学一线英语教师合作开展的科研项目，因此，研究者在六名个案研究参与者参与项目前、项目中期和项目后期分别对她们进行了深度访谈，从而可以追踪研究参与者在参加科研项目过程中的教师信念动态发展情况。

3.2.3.3 课堂观察

课堂观察指研究者在研究参与者的教学过程中对研究参与者的教学行为（包括言语行为与非言语行为）所进行的观察。杨鲁新等（2013：96）提出，"我们在交流的时候，除了有声的话语外，举止行为（如手势、眼神、身体移动等）也在传达思想。这些非语言行为也能反映研究对象的认知过程"。研究者基于六名个案研究参与者所参加的由高校专家和中小学一线英语教师合作开展的科研项目，对六名个案研究参与者在参与项目前、项目中期和项目后期分别进行了课堂观察并记录了课堂观察笔记，从而探究她们在与专家团队构建的外系统的互动中以及与课堂构建的微系统的互动中教师信念的发展情况。

3.2.3.4 教师反思日志

教师反思日志也是本研究的重要来源之一。研究者邀请个案研究参与者撰写了教师反思日志。该教师反思日志并没有严格的次数和字数要求。研究参与者可以在自己的教育场域中，根据自身与各个生态系统子系统的互动情况，随时撰写反思日志。教师反思日志具有描述性和反思性双重特点。首先，研究参与者可以将自身在与现行教育体制构建的大系统的互动中、与专家团队构建的外系统的互动中、与校内教研组构建的中间系统的互动中以及与课堂构建的微系统的互动中所经历的主要事件进行描述，特别是对一些关键事件（critical events）的描述。其次，个案研究参与者可以针对自身所经历的主要事件进行反思，反思的内容涉及到教师多个维度的信念。

数据收集方式的选择最终是为研究问题服务的，表 3.4 显示了本研究的数据收集方式与研究问题之间的对应关系。

表 3.4　数据收集方式与研究问题的对应

研究问题	问卷调查	深度访谈	课堂观察	教师反思日志
中小学英语教师在与现行教育体制构建的大系统的互动中，其信念是如何发展的？	√	√		√
中小学英语教师在与专家团队构建的外系统的互动中，其信念是如何发展的？	√	√	√	√
中小学英语教师在与校内教研组构建的中间系统的互动中，其信念是如何发展的？	√	√		√
中小学英语教师在与课堂构建的微系统的互动中，其信念是如何发展的？	√	√	√	√

3.2.4　研究步骤

3.2.4.1　问卷调查试测与正式的问卷调查

为了确保问卷调查的有效性，研究者首先邀请了三位中小学英语教师阅读了调查问卷并给予反馈意见。研究者根据反馈意见，修改了调查问卷的表述，确保每项表述清晰易懂。随后，研究者邀请了 30 名中小学英语教师对问卷进行了试测，对试测结果进行了信效度检验，并根据结果再次调整了问卷内容，最终确保了改编后的问卷具有良好的信效度，能够较准确且有效地测出中小学英语教师在与生态系统各个子系统的互动过程中教师信念的发展变化情况。研究者在此基础上，邀请各个省的中小学英语教师以及教研员通过微信形式转发问卷星，从而收集了 2080 份正式的调查问卷。

3.2.4.2 深度访谈试测与正式访谈

为了使深度访谈顺利进行从而获得充足而可靠的信息，研究者首先进行了访谈试测。通过沟通与协商，研究者与六名个案研究参与者中的两名分别进行了 30 分钟的试测，并对访谈过程全程录音。试测结束后，研究者与这两名研究参与者进行了测后反馈与交流，主要目的是了解试测者接受本次访谈的整体感受,同时征求试测者对访谈提纲的建议。然后，研究者对试测录音进行逐字转写，反复阅读访谈文本，再结合试测者的测后感受和建议，同时结合自身对本次访谈的感受，研究者对本次访谈的内容与技巧进行了反思与总结，同时对访谈提纲进行了调整，从而为正式访谈做好了准备。

正式访谈实施的时间是在本研究数据收集开始的阶段。访谈本着“方便对方”的原则，提前与研究参与者针对访谈时间、地点、全程录音等诸多细节进行了协商，并于访谈前一天通过手机短信再次确认，从而确保访谈的顺利进行。虽然本研究并没有刻意控制与每位研究参与者的访谈时间，但研究者在每次访谈中与每名研究参与者的访谈时间基本上都在 30—40 分钟左右。

本研究对六名个案研究参与者分别进行了一对一的半结构式访谈，即访谈者根据事先拟好的访谈提纲对受访者进行提问，但并不限于提纲中所列出的问题。在所有访谈中，研究者是唯一的访谈者。研究者主要以“积极倾听”为主，只是适当地进行语言或非语言性的回应或反馈，同时根据具体情况即时地提出一些“澄清性问题”来获得更多详细的信息。本研究在访谈时进行了全程录音，并对录音进行了转写（见附录 4）。

除与每位个案研究参与者分别进行了一次正式的深度访谈外，研究者还根据六名个案研究参与者均参加了由高校专家和中小学一线英语教师合作开展的科研项目这一特点，在六名个案研究参与者参与项目前、项目中期和项目后期分别对她们进行了一次深度访谈，从而可以进一步丰富本研究的研究数据，更好地回答研究问题。

3.2.4.3 课堂观察

研究者对六名个案研究参与者在参与项目前、项目中期和项目后期分别进行了课堂观察。其中，两名小学英语教师的课堂观察时间分别为40分钟，研究者采取的是观看课堂教学录像的方式。在观看教学录像的过程中，观察两名小学英语教师的教学行为（包括言语行为与非言语行为）并撰写课堂观察笔记。其余四名中学英语教师的课堂观察时间分别为90分钟，研究者采取的是实地观察并录像的方式。研究者在每次课堂观察前，提前与个案研究参与者进行沟通，确定好课堂观察的时间和教室，并以“观察者”的身份进入到教室后排就座，这样既可以看清楚研究参与者在教学过程中的整个教学行为，又不会打扰研究参与者专心教学。在观察过程中，研究者针对个案研究参与者的教学行为（包括言语行为与非言语行为）撰写课堂观察笔记。研究者将所有观察的教学录像进行了转写（见附录5）。

3.2.4.4 教师反思日志

研究者邀请六名个案研究参与者在自己的教育场域中根据自身与生态系统各个子系统的互动情况，不定期地撰写教师反思日志。特别是在她们参与项目前、项目中期和项目后期，六名个案研究参与者针对自己参与项目的感受撰写了详细的教师反思日志（见附录6），从中我们可以看到研究参与者在与专家团队构建的外系统的互动中以及与课堂构建的微系统的互动中教师信念的发展情况。

3.2.5 数据的收集、整理与分析

本研究基于研究前期开发的调查问卷，在研究中期进行了问卷的发放以及数据的收集和整理。对所收集到的量性数据使用SPSS 26.0统计软件，首先进行因素分析，对教师信念的种类进行归类；然后进行方差分析，得出教师信念发展的相关数据；同时，分析各个生态系统对每一类

教师信念的影响，基于以上分析，最终呈现教师信念的发展轨迹。

在质性研究中，收集、整理与分析数据这三个步骤通常是紧密相连的，甚至是交叉重叠的。这三个步骤之间有时并没有明显的界限。因此，研究者在数据收集开始后不久，便开始进行数据的整理与分析了。数据的整理与分析指的是“根据研究的目的对所获得的原始资料进行系统化、条理化，然后用逐步集中和浓缩的方式将资料反映出来，其最终目的是对资料进行意义解释”。在质性研究中，数据的整理和分析没有一套固定的、适用于所有情境的规则和程序，需要由研究者根据自己的研究目的以及自己研究数据的特性选择合适的方法（陈向明，2000：269）。

在数据的整理阶段，本研究非常注重数据的原始性和完整性，尽量避免造成数据的遗漏、简化和错误等。例如，研究者在邀请一名助研帮助研究者对六名个案研究参与者的深度访谈进行了逐字逐句的转写之后，研究者又再次倾听了六名研究参与者深度访谈的录音，再次核对了该名助研所转写的文本，虽然这是一项非常耗时的工程，但是研究者仍然通过反复倾听的方式确保了信息的原始性和完整性。

本研究主要参照了 Moustakas（1994）现象学研究方法中的数据分析步骤以及 Creswell（2007）的数据分析三步骤对质性数据进行了分析，同时还兼顾了 Bogdon 和 Biklen（1992）所提出的发现和编码法，从中寻找共同的主题与意义单位，对文本数据进行编码，从而完成对数据的归并、分析和解释。质性数据采用扎根理论（grounded theory）的原理，不预设任何观点，使用类属分析和情景分析互相结合的方法，从外往内如剥洋葱般层层剖析各个生态系统的要素，对教师信念和各系统环境之间的关系进行深描，从而描述出教师信念的发展轨迹。

研究者在分析数据的过程中，主要采取了以下步骤：

（1）仔细通读文本数据若干遍，根据文本数据所体现的内容，对文本数据进行归类和命名。然后按照不同的归类，将文本数据输入到 Microsoft Excel 表格中。其中，在 Excel 表格竖列中显示不同的归类，横列中每个单元格显示一段文本数据。

表 3.5 数据的初级编码示例

归类名称	原始数据	初级编码		
		教师的引导作用	放手给学生机会	把课堂还给学生
在与专家团队构建的外系统的互动中，高中英语教师信念发展特点	……然后包括当学生不能够完成某些我们设定的问题的理解的时候，以前我们都觉得怎么理解不了，好像我们能理解，那么他们不能理解，到了这里就卡住了，都不知道该怎么做。然后相当于我感觉没有中间过渡，比如说这个问题很有难度，可能是涉及到深层次的理解，那么学生没达到这个水平，我们就没有别的办法，我们就告诉他，就变成了那种老师为主导的那种模式。但是经过专家指导之后，我就觉得可能是因为给学生的东西不够，然后他们找不到通过一个什么样的抓手，或者什么样的别的方法，能够达到他们所要求的新的事情的理解，我觉得中间教师如何进行指导这一方面我是更加清晰了。（玉兰 -07）	√		
	……然后我们就会觉得因为学生可能业务水平不是那么好，那么我们就会觉得他们好像没法完成这些任务，然后就会导致自动地把这一方面设定为老师需要来做的，然后就没有给学生这种机会。但是通过专家们的指导，我们就觉得学生就在一定的帮助、一定的条件下是完全可以自己来做的。然后我们后面的设计中也是给了学生一些这种自己参与活动、自		√	

（待续）

（续表）

归类名称	原始数据	初级编码		
		教师的引导作用	放手给学生机会	把课堂还给学生
在与专家团队构建的外系统的互动中，高中英语教师信念发展特点	己来进行展示的机会，其实发现学生其实还是可以做到的，然后有很多学生是做得很好的。然后也是给了我们很多信心，我们相信学生是完全可以通过一些准确的指导，还有一些不断的练习，能够实现我们所说的培养他们很多深层次的理解，或者是一些多方面的能力这种目标的。（玉兰 -08）			
	这个师生角色方面的影响很多啊，你比如说像我记得当时专家经常说的是要少说话，要把课堂还给学生。（杜鹃 -05）			√

（2）分别根据不同的归类，再次仔细通读文本数据若干遍，从中寻找与研究问题相关的意义单位（例如，词、短语、句子、段落等），并用颜色标示出意义单位。然后对各个意义单位进行概括性编码，并将其输入到 Excel 表格横行首行中，从而完成对数据的初级编码（如表 3.5 所示）。

（3）将初级编码与原始文本数据进行对照，确定两者之间是否有矛盾或不一致的地方。对与原始文本数据存在矛盾或不一致的初级编码进行修改或删除。再次确认初级编码后，按照不同的研究问题，将相互联系的初级编码分类集中输入到另一个 Excel 表格中，以竖列的形式进行排列。然后将相互联系的初级编码串联起来进行分析，从中寻找初级编码之间的意义关联，进而寻找共同的主题。接下来将找到的主题编码后排列在相关初级编码的右面。整个步骤实际上也就是对初级编码进行归类，从而形成二级编码（如表 3.6 所示）。

表 3.6　数据的二级编码示例

初级编码	二级编码号	二级编码
教师的引导作用	WGTR-1-1	对师生角色的理解
放手给学生机会		
把课堂还给学生		

（4）按照上述第三步确认初级编码的方法，再次确认二级编码。如果二级编码之间仍可进一步归类，则根据上述第三步对二级编码的归类方法，将相互联系的二级编码串联起来进行分析，从中寻找二级编码之间的意义关联进而寻找共同的主题，并将寻找到的主题编码后排列在相关二级编码的右面。这一步骤实际上也就是对二级编码进行归类，从而形成三级编码（如表 3.7 所示）。

表 3.7　数据的三级编码示例

二级编码	三级编码号	三级编码
对英语课程设计的理解	WGT-2-1	高中英语教师在与专家团队构建的外系统的互动中信念发展特点
对英语教学方法的理解		
对英语教学评估方式的理解		
对师生角色的理解		

（5）如果三级编码之间仍可进一步归类，则可重复上述第三步，继续归类，从而形成四级编码（如表 3.8 所示）。

表 3.8　数据的四级编码示例

三级编码	四级编码号	四级编码
小学英语教师在与专家团队构建的外系统的互动中信念发展特点	WZXT-3-1	中小学英语教师在与专家团队构建的外系统的互动中信念发展特点
初中英语教师在与专家团队构建的外系统的互动中信念发展特点		
高中英语教师在与专家团队构建的外系统的互动中信念发展特点		

（6）如果四级编码之间仍可进一步归类，则可继续归类，最终按照不同的研究问题，将各个共同主题汇总，输入到新的 Excel 表格中，以竖列的形式进行排列，然后将不同级别的小主题以及原始文本数据分别依次以竖列的形式进行排列，从而形成关于研究发现的综合描述（如表 3.9 所示）。

表 3.9 数据的归类汇总示例（部分）

四级编码（共同主题）	三级编码	二级编码	初级编码	原始数据
中小学英语教师在与专家团队构建的外系统的互动中信念发展特点	高中英语教师在与专家团队构建的外系统的互动中信念发展特点	对师生角色的理解	教师的引导作用	……然后包括当学生不能够完成某些我们设定的问题的理解的时候，以前我们都觉得怎么理解不了，好像我们能理解，那么他们不能理解，到了这里就卡住了，都不知道该怎么做。然后相当于我感觉没有中间过渡，比如说这个问题很有难度，可能是涉及到深层次的理解，那么学生没达到这个水平，我们就没有别的办法，我们就告诉他，就变成了那种老师为主导的那种模式。但是经过专家指导之后，我就觉得可能是因为给学生的东西不够，然后他们找不到通过一个什么样的抓手，或者什么样的别的方法，能够达到他们所要求的新的事情的理解，我觉得中间教师如何进行指导这一方面我是更加清晰了。（玉兰 -07）
			放手给学生机会	……然后我们就会觉得因为学生可能业务水平不是那么好，那么我们就会觉得他们好像没法完成这些任务，然后就会导致自动地把这一方面设定为老师需要来做的，然后就没有给

（待续）

（续表）

四级编码（共同主题）	三级编码	二级编码	初级编码	原始数据
中小学英语教师在与专家团队构建的外系统的互动中信念发展特点	高中英语教师在与专家团队构建的外系统的互动中信念发展特点	对师生角色的理解	放手给学生机会	学生这种机会。但是通过专家们的指导，我们就觉得学生就在一定的帮助、一定的条件下是完全可以自己来做的。然后我们后面的设计中也是给了学生一些这种自己参与活动、自己来进行展示的机会，其实发现学生其实还是可以做到的，然后有很多学生是做得很好的。然后也是给了我们很多信心，我们相信学生是完全可以通过一些准确的指导，还有一些不断的练习，能够实现我们所说的培养他们很多深层次的理解，或者是一些多方面的能力的这种目标的。（玉兰 -08）
			把课堂还给学生	这个师生角色方面的影响很多啊，你比如说像我记得当时专家经常说的是要少说话，要把课堂还给学生。（杜鹃 -05）

表 3.9 （续）数据的归类汇总示例（部分）

四级编码（共同主题）	三级编码	二级编码	初级编码	原始数据
中小学英语教师在与专家团队构建的外系统的互动中信念发展特点	高中英语教师在与专家团队构建的外系统的互动中信念发展特点分析	对英语课程设计的理解	文本分析有了更加深入的理解	我觉得对我来说最大的一点改变是在文本分析上，特别是阅读这一方面，因为之前有的可能就是对于这个课程的文本没有任何分析……。但是经过专家的指导，包括我们这个项目的开展，其实觉得我有一点点好像明白了一些什么东西一样，包括文本的解读，从哪几个方面来看。（玉兰 -06）

（待续）

（续表）

四级编码（共同主题）	三级编码	二级编码	初级编码	原始数据
中小学英语教师在与专家团队构建的外系统的互动中信念发展特点	高中英语教师在与专家团队构建的外系统的互动中信念发展特点分析	对英语教学方法的理解	对改变传统英语教学方法的认识有了更加深入的思考	专家们的指导对我来说影响是非常大的。包括我觉得对我们学校的整体来说，教学思路的探讨也是产生了非常大的影响。包括在这个项目实施之前，我觉得我们学校的整体教学方式都是非常的传统的，特别传统，上课老师一直讲、自己画、一直写，然后下课学生一直做题，完全都是这种模式。那么在这种环境下，如果只出现一个或者个别的老师有别的方法的话，其实是不会被接受的。但是经过专家们对我们进行一些指导，包括对于这些课程标准，还有这些文本分析的内容进行一些讲解，我觉得大多数老师他们是听进去了的……（玉兰 -06）
			开始在自己的教学中尝试使用新的教学方法	在教学改进的过程中，xx 教授提出可以使用 jigsaw reading 的方法，我们就用了这种新的方法。我们把 jigsaw reading 简化，换成另外一种形式的。我们可能不是在交换，可能不是在整体地这种完全地 jigsaw，我们可能只是交换一部分，然后让学生来，包括我们后来又加了老师，就学生在产出的时候，老师在旁边做板书，做了一个非常大的板书。（杜鹃 -05）
		对英语教学评估方式的理解	对如何开展课堂教学评价更加清晰	还有每次思维导图完了之后，我们要评价，让学生来评价，你觉得哪个导图做的好，你为什么喜欢它。然后还有评价你喜欢中国诗歌，还是喜欢英国诗歌，你觉得哪个 imitator 的这种形象对

（待续）

（续表）

四级编码（共同主题）	三级编码	二级编码	初级编码	原始数据
		对英语教学评估方式的理解	对如何开展课堂教学评价更加清晰	你来说表现得更加清楚明白等等这样的，会通过这样的一点一点的（与专家）的磨合，就把这个东西一点一点做出来。（杜鹃 -05）

此外，研究者对从 2080 份调查问卷中所收集到的开放性问题，采用 Nvivo11 软件进行节点编码归类，从而完成对数据的整理与分析。

3.2.6　研究的伦理性与可信度

在社会科学研究中，与研究参与者相关的伦理道德问题和研究的可信度问题是不可回避的重要问题。研究者在与研究参与者的互动中，必须遵守伦理道德原则，最大限度地保证研究参与者的隐私，充分尊重研究参与者，保证研究参与者在研究中的自主性和合法权益，同时应该给予研究参与者以相应的回报。研究的可信度对于研究的质量来说至关重要。特别是在质性研究中，由于研究者的主观判断在数据的分析和解读中扮演着重要的角色，并且研究者的主观判断又没有统一、绝对客观的标准，所以如何确保研究的可信度这一问题就显得尤为重要。

3.2.6.1　研究的伦理性

本研究遵循陈向明（2000：427）所提出的“自愿和不隐蔽原则”“尊重个人隐私和保密原则”“公正合理原则”和“公平回报原则”，采取了以下措施来确保本研究的伦理性。

首先，在进入研究场域和个案研究参与者群体之前，研究者征得了研究参与者的同意，是以公开的研究者身份进入到研究场域之中的。研究者与每名个案研究参与者签订了研究参与者同意书（见附录 1），在其中向她们说明了本研究的研究目的，在研究中需要研究参与者所做的事情以及给研究参与者的报偿等事项，最后征得了六名个案研究参与者的同意并获得了她们的签字。六名研究参与者都是自愿决定参与本研究的，研究者并没有强制她们参与。在签订了研究参与者同意书后，研究者严格按照上面的承诺开展本研究，例如，在对每次访谈进行录音之前，研究者都会征得六名研究参与者的同意。此外，除邀请六名研究参与者填写调查问卷，进行深度访谈和撰写教师反思日志以及对她们的课堂教学进行观察以外，研究者没有要求他们做过任何其他额外的工作。

本研究特别注重对研究参与者隐私的保护，在论文中凡是与研究参与者隐私相关的信息如他们各自的名字，全部用了化名替代，尽力做到隐匿研究参与者的身份。此外，在研究数据中，对所有可能透露研究参与者身份的信息也都严格控制，加以保密，例如在调查问卷中，并没有要求研究参与者填写姓名以及所在学校等相关信息。

在前文曾提到过，虽然在研究参与者的眼中，研究者是一名大学英语教师，但是研究者与六名个案研究参与者的关系是相对平等的。所以在本研究中，研究者十分尊重研究参与者的意愿，并没有对研究参与者的行为、为人等做任何价值判断，而是尽量以中立的笔触对他们进行描写。与此同时研究者也尽力公正地描述他们在进行课堂教学过程中的行为表现。

在质性研究中，研究参与者通常需要花费很多时间和精力与研究者进行交谈或者参与一些其他活动，他们为研究者提供对方需要的信息，甚至涉及到这些研究参与者的个人隐私（陈向明，2000）。在本研究中也不例外，六名个案研究参与者的确为本研究花费了很多的时间和精力，所以为了感谢她们为本研究所做的贡献，研究者在研究过程中主要采取的是给予每位个案研究参与者专业指导和教学建议的回报方式。

以上措施有力地确保了本研究的伦理道德问题。

3.2.6.2 研究的可信度

为了确保本研究的可信度，本研究主要采取了以下策略：

（1）本研究运用了较为丰富的数据来源和多种数据收集的方式，从而确保数据的丰富性以形成数据三角验证。具体而言，本研究采用了问卷调查、深度访谈、课堂观察以及教师反思日志等多种数据收集方式，这些数据收集方式所获得的数据相互对照，从而确保了数据收集的丰富性、可信性以及内在的一致性。特别是同时结合访谈与观察这两种方法，被认为是质性研究中最典型的进行相关检验的方式（陈向明，2000）。除此之外，同时结合问卷调查和教师反思日志是探究生态系统下教师信念发展的有效方式。本研究还采用了研究者三角验证的方式。在数据的分析阶段，研究者邀请了两位“局外人”（外国语言文学专业博士生）对数据分析的客观性以及准确性进行了分析和验证。

（2）本研究所采用的现象学式的深度访谈结构，即探询受访者获得经历的背景——让受访者在其所依背景中重构亲历过程的细节——鼓励受访者反思其经历对自己的意义，本身具有相互衔接的特征，可以在一定程度上检验受访者前后表述的一致性，从而也大大增强了本研究访谈结果的有效性。

（3）本研究采用了参与者反馈的方式来验证描述与分析的合理性。本研究在设计调查问卷和访谈提纲以及分析数据等阶段都采用了参与者反馈的方式。在问卷调查和深度访谈试测后，研究者都及时地与研究参与者进行沟通交流，询问对方的感受，征求她们的意见和建议，以便确保正式的问卷调查和正式的访谈可以更加顺利而有效地进行。此外，在数据分析阶段，研究者对于文本分析中存在的疑惑，例如访谈中出现的表述不清的地方，都及时与研究参与者进行了联系从而可以更清楚地获得相关信息。

（4）此外，研究者在收集、整理和分析数据的过程中，也可以不断提高自身对研究参与者的敏感度，提高自身总结、概括和抽象的能力，从而也可以在一定程度上提高研究的有效性。

3.3　本章小结

本章从研究问题和研究方法两方面详细全面地介绍了本研究的研究设计。其中研究方法部分主要包括研究参与者、研究者与研究参与者之间的关系、研究工具、研究步骤、数据的整理与分析方式和研究的伦理性与可信度。

本研究依据研究目的，提出了四个主要研究问题。之后本研究采用了随机抽样的原则，从全国 22 个省份采集问卷样本共计 2080 份，同时采用方便抽样的原则，从北京、山东等地选择小学、初中、高中英语教师各两名作为个案研究参与者。在了解了研究参与者的基本信息之后，研究者通过问卷调查、深度访谈、课堂观察以及教师反思日志等方式获得了丰富的数据，并使用 SPSS 26.0 统计软件，对量性数据进行了方差分析，同时参照 Moustakas（1994）现象学研究方法中的数据分析步骤、Creswell（2007）数据分析三步骤、Bogdon 和 Biklen（1992）的发现和编码法以及 Nvivo11 软件，从而完成了对数据的归并、分析和解释。与此同时，本研究还采取了一系列措施来确保研究的伦理性和可信度，从而在一定程度上保证了研究的质量和研究的顺利进行。

第四章　中国中小学英语教师在与生态系统的互动中的信念发展特点

本章将详细阐述本研究的研究结果，并使用大量的原始数据作为例证，按照研究问题逐一呈现研究结果。

4.1　中小学英语教师在与现行教育体制构建的大系统的互动中教师信念发展特点

通过分析调查问卷结果，从表4.1和图4.1可以看出中小学英语教师在与现行教育体制构建的大系统的互动中其教师信念的发展情况。

表4.1　各类教师在与现行教育体制构建的大系统的互动中教师信念发展情况

所教学段	对英语课程设计的理解	对英语教学方法的理解	对英语教学评估方式的理解	对英语教学资源的理解	对师生角色的理解
小学	3.78	3.78	3.66	3.86	3.78
初中	3.86	3.87	3.76	3.85	3.91
高中	3.74	3.8	3.6	3.89	3.91
总计	3.83	3.85	3.72	3.86	3.89

从整体来看，中小学英语教师认为在与现行教育体制构建的大系统的互动中，他们对英语教学评估方式的理解变化最小，对师生角色的理解变化最大。其中，小学英语教师认为，他们对英语教学资源的理解变化最大；初中和高中英语教师均认为，他们对师生角色的理解变化最大。

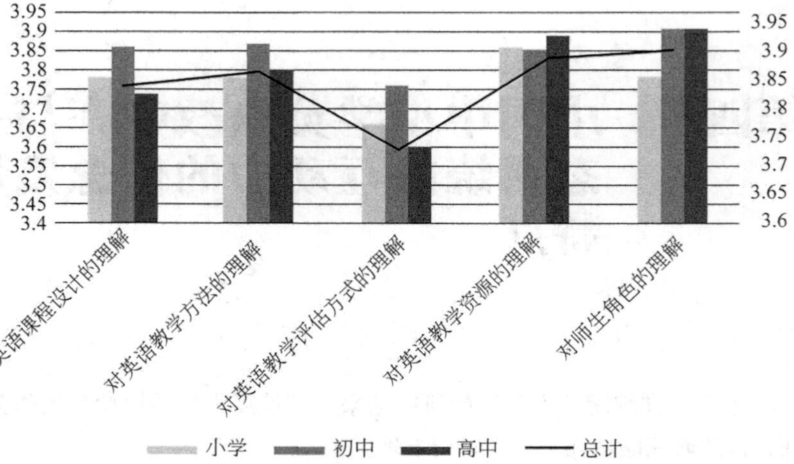

图 4.1 各类教师在与现行教育体制构建的大系统的互动中教师信念发展情况

从上述结果可以看出，现行教育体制构建的大系统更好地帮助中小学英语教师形成了对于师生角色的清晰认识。

4.1.1 小学英语教师信念发展特点

通过访谈两位小学英语教师，研究者发现，小学英语教师在与现行教育体制构建的大系统的互动中，逐渐加深了对英语课程设计和英语教学方法的理解，例如：

> 因为我觉得我们每个人做教师之前，可能都不是那么了解这一行，很多细致的东西。尤其像我自己，我是自己去考教师资格证进入的教师这一行，就是非师范类出身的，所以可能很多教育的东西对我来说比较新，所有学到的东西都是在现行的教育体制之下，我觉得所有我学到的这些东西都是在这个里面进行的。然后说到课程设计，可能对于像我这样的人来说，可能以前感觉好像高大上的理念，觉得课程设计都好像是那种专家才能做的，因为他们要开发一套教材，或者说去安排一个课程，觉得都是那种比较高端的人士才能做的，所以现在可能自己慢慢地意识到了，也不是那么地遥不可

及。可能自己也能做一个课程出来，不管是大的小的，对吧？然后教学方法肯定是有的，因为我觉得每一个老师在最初进入这个行业的时候，和到了我现在这种教学年龄，已经到了10年之后，积累一些教学方法的理解，可能跟自己做学生和自己做教师之前的，肯定是不太一样的。因为可能在之前咱们都是属于外行，没有那种比较细致的理解，现在是觉得知道了，然后对学生有一些了解了，然后对于学习的内容有一些了解了，可能对于怎么样去教会学生这些东西也是慢慢地有了自己的一些理解，肯定都是会有一些，所有的这些东西都是在这种大的教育环境教育体制下获得的。

（水仙 - 访谈 -01-02）

从上面的访谈片段中我们可以看出，水仙认为现行教育体制构建的大系统帮助她学到了很多有关教育的内容，例如，知道如何去进行课程设计，不再认为课程设计是遥不可及的事情了。通过对学生和学习内容的进一步了解，也知道了应该如何进行教学，慢慢理解了一些教学方法。

同时，茉莉老师从更加具体的方面谈到了在与现行教育体制构建的大系统的互动中，其教师信念的变化。

（1）在现行教育体制之下，新教材的使用作为一种驱动力，给茉莉老师的课程设计特别是单元主题教学方面带来了挑战。她谈到：

新教材的使用，可能就是我们要是拿到一套全新的这种教材的话，对老师的备课这方面影响比较大，因为现在我们不是都说把教材作为一种教学资源来用，不是用教材来教，我们拿到的话，可能对老师对这个教材的理解把握，他再重新备课可能挑战比较大。因为我们不是说拿着书上的板块去教单词、短语、句子，尤其是现在又像我们教学当中用比较新的，最近一两年您可能也了解，就是单元主题备课，如果我们是从这方面入手的话，可能挑战更大。因为这个单元主题备课就好像类似于你统筹，比如说一本书或某一个单元，你整体来把握，你从里边抽出一个主线，然后把主线主题的各方面以及串联它涉及的方面层次串连起来，再来讲课，再来授课，感觉是难度挺大的。比如新教材新理念之下的话……就是说现在感觉单元主题教学类似于我们之前的目标达成评价，现在可能就是主题，主题之下是总结意义的学习探究之类的，就感觉两个完全不太一样的，其实拔高了一个层次，以前是叫阶梯式教学，现在叫登山式教学。对，感觉难度挺大的……对，现在可能我们教学英语，小学英语这块可能就往那方面走了，……×× 市教委都在推的一种单元主题教学，各学科都在进行单元主题教学，就更难了我感觉。这个单元你统筹看一下讲什么，怎么讲，城市、季节、气候，这就类似于也不能说往规模课程发展吧，它会涉及到这个主题之下，你怎么进行这一单元的教学设计，涉及不同的方面、不同的层次。

（茉莉 - 访谈 -01-02）

从上面的访谈片段中，我们看出，由于新教材的使用和茉莉老师所在区教委的推动，茉莉老师需要调整自己的教学理念，来适应这种单元主题教学的新理念，需要思考如何在单元主题教学中进行备课以及课程设计。这种与现行教育体制构建的大系统的互动给茉莉老师带来了挑战，也促使她在逐渐改变自己对英语课程设计的理解。

（2）在与现行教育体制构建的大系统的互动中，茉莉老师对教学方法的理解，特别是对学生互动交流以及在主题情境中如何引导学生等方式有了深入的理解。

教学方法肯定得变，因为你课程设计变了，你教学方法肯定也随着变，然后其实之前就是大家说老师讲得太多，教得太多，其实大家也一直在转变，慢慢地转。但是这个可能是要求你慢慢地转，可能在转变的过程要求更高了，你首先肯定的，它会涉及到很多学生的这种自主探究，学生与学生之间的这种交流活动就会体现得比较多。老师真的不是说怎么讲的事儿了，就是说你怎么让学生真的进入到这个主题，他进入这个情境、这个主题之后，他去真真正正想了解，他就想知道的。

（茉莉 - 访谈 -02）

在上面的访谈片段中，茉莉老师认为在与现行教育体制构建的大系统的互动中，由于课程设计发生了变化，自然也会引起教学方法的变化。她使用了“自主探究”这一表述来说明她认为学生之间应该具有的互动交流方式，同时谈到教师应该是从学生学的角度，而不是教师教的角度来引导学生进入主题情境之中，从而真正实现学习的发生。

（3）在与现行教育体制构建的大系统的互动中，茉莉老师对教学评价方式的理解，特别是评价角度的转变有了深入的认识。

> 单元主题探究的话，它对老师的课堂评价可能不是看老师，我看你怎么跟他讲。它的评价，比方说大家来观察课堂过程，我就看学生的反应，就是看学生他都在干什么，可能通过学生的表情、语气、语调这种发言状态，主要是看学生。可能传统的看课就看老师，我看那个老师他是怎么做的。然后它可能更倾向于看学生的一种状态，学生的一种反应，可能老师没有很多花哨的活动，或者是肢体动作什么的，但是学生都学得还挺投入的，学生就融入这个课堂了，投入这个学习了，觉得这是应该挺不错的一节课。它是看学生。
>
> （茉莉 - 访谈 -02）

从上面的访谈中，我们可以看出，茉莉老师从观课者观察课堂的角度来理解教学的评价方式。她认为传统的观课视角是看教师，而在与现行教育体制构建的大系统的互动中，她改变了这种观课视角，认为应该关注学生的反应，也就是在评价课堂教学效果的时候，是通过学生的状态和学生的表现，例如学生的投入程度等来进行评价的。因此，从中我们可以清晰地发现，茉莉老师在与现行教育体制构建的大系统的互动中，其对教学评价方式的理解发生了变化。

（4）在与现行教育体制构建的大系统的互动中，茉莉老师对教学资源的理解，特别是对待教学资源的态度有了深入的认识。

> 资源这块可能对老师真的首先得要求，老师真的是必须静下心来，静下心去琢磨这个东西，然后老师也要去实际地比方我们可能学到环保话题，老师真的是要实际地去到小区里去看垃圾分类，到社区去问垃圾分类的情况，社区怎么推进，真的感觉走出学校融入到校外这种所谓的社会的学习，其实它必须对老师也是一种要求。老师必须有这种想去了解探究的欲望，然后才会传达给学生。
>
> （茉莉 - 访谈 -02）

从上面的访谈中，我们可以看出，茉莉老师在与现行教育体制构建的大系统的互动中，认识到教师需要静下心来对教学资源进行仔细研究，根据所学话题的需要，教师要有主动探究的精神，正确认识教学资源的价值和作用，这样才能更好地帮助学生学习。

此外，研究者通过 Nvivo11 软件分析了 221 份小学英语教师调查问卷中开放性问题的节点覆盖率（如图 4.2 所示），发现小学英语教师在与现行教育体制构建的大系统的互动中，在英语课程设计方面对单元教学

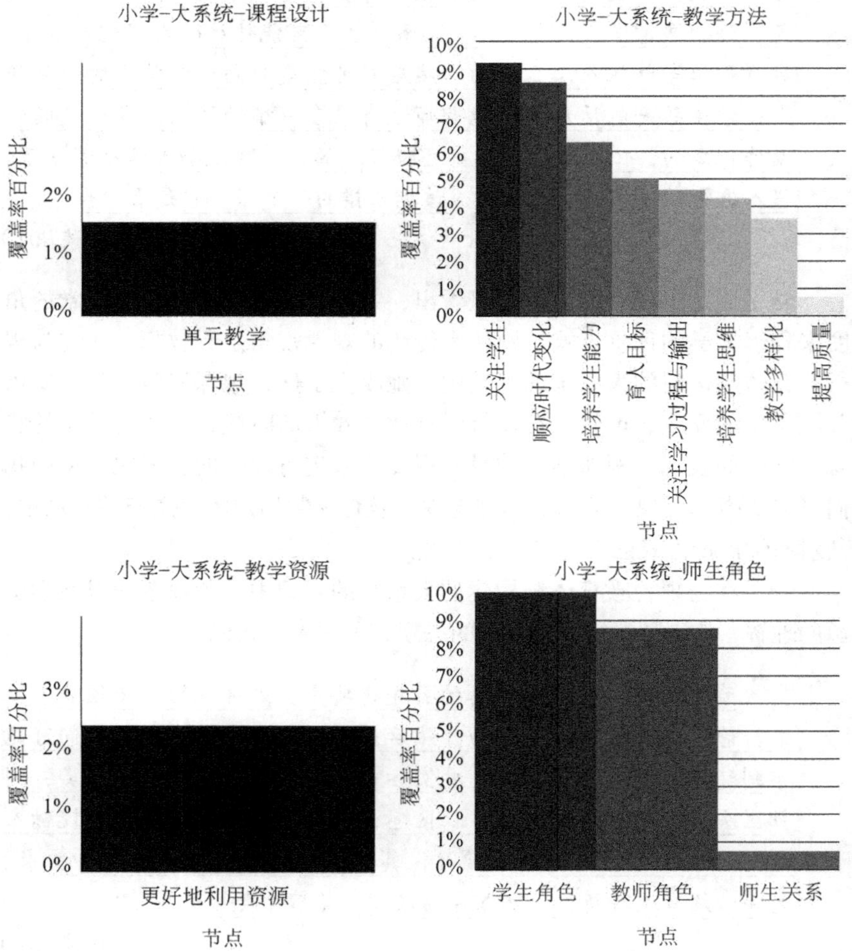

图 4.2 小学英语教师在与现行教育体制构建的大系统的互动中教师信念节点覆盖率示意图

有很深刻的理解；在英语教学方法方面，对关注学生、顺应时代变化、培养学生能力，体现育人目标、关注学生学习过程与输出、培养学生思维、教学多样化等多个内容有深刻的理解，其中关注学生这一节点的覆盖率最高；小学英语教师谈到在与现行教育体制构建的大系统的互动中，对从学生的角度出发开展教学设计、激发学生的兴趣和潜能、培养学生自主学习能力、因材施教、重视学生可持续发展以及尊重学生个体差异等方面有了更为深刻的理解；小学英语教师并未谈到在英语教学评估方式上的深刻理解；在英语教学资源方面，对更好地利用资源这一内容体会最深；在师生角色方面，对学生角色、教师角色以及师生关系等内容有更为深刻的理解，其中对学生角色的理解这一节点覆盖率最高，说明小学英语教师在与现行教育体制构建的大系统的互动中，在师生角色方面，对学生角色的理解认识最为深刻。

4.1.2　初中英语教师信念发展特点

通过深度访谈，研究者发现，在与现行教育体制构建的大系统的互动中，初中英语教师的信念发展具有以下特点：

（1）新课标的理念影响了初中英语教师对于课程设计、教学方法以及评估方式的理解。例如，牡丹老师谈到：

> 我觉得在现在新课标实施之后，我们也学习了一段时间之后，在这个课程设计上，我觉得我和我们组的这些老师可能由原来的关注文本的表层意思、关注这课的核心语法，转变到了真正去关注文本的解读，从 what, why, how 这三个方面会有意识地在每节每个单元的备课之前，会从这三个角度去讲一讲文本解读。我觉得每次在备课的时候，现在也会强迫自己先从文本的大意、作者的写作目的以及作者是如何行文，包括能不能在每个文段有一些批判性的问题，或者提升学生思维品质这些方面，设计一些问题。以前可能更多地是关注提取信息或文本表层的信息，现在感觉尝试了一段时间之后，能够在这个方面多有一些思考。
>
> ……在教学方法方面，我觉得可能现在的一个改变就是愿意去打破一下原来我们常用的一些阅读或者是听说的方式。以前更倾向

于机械化，把它分成读前、读中和读后，然后顺着去设计这样的一些问题。

（牡丹 - 访谈 -02）

从上面的访谈片段中，我们可以看出，牡丹老师受新课标理念的影响，开始对文本解读有了更加深入的理解。她改变了原来只关注提取文本表层信息的解读方式，在进行课程设计时，会从 what，why，how 三个方面出发来对文本进行深入解读，并且会更加关注如何通过批判性问题的设置来提升学生的思维品质。同时，牡丹老师谈到新课标理念使她现在有了愿意改变原有教学方式的意愿，并且也改变了她对英语教学方法的理解，比如需要从过去那种更倾向于机械化的教学方式中解脱出来。

我觉得在教学评估方式方面，我们以前经常用的评估方式，可能更多的是比如听写每个单元的单词，然后单元检测，或者是那种考试。这个学期我们也就这个方面做了一些新的尝试。现在我们尝试的比较少，我们把检查单词的事情做了一些变化。现在我们在检查单词的时候就分成了这样，有一个活动就是你来比划我来猜，在黑板上写一些单词，然后下面的学生会用英文来描述这个单词，站在上面的学生来猜。这个也是以小组的形式进行的，也是检查单词的一种方式。还有一种方式，比如说在同一个话题下找出来 10-15 个左右的关键词，让孩子们即兴地做一个演讲，或者是做一个故事。还有一个是用我们学过的这些单词进行情景剧的表演。这一年左右做了一个在单词方面的评价评估方式的尝试，其他的还没有想到，比如说在语法或者是在阅读方面还没有什么更多的。反正我们的总体想法就是能够把评价方式变得更多元化一些，因为我们孩子现在毕竟年龄也不太大，让这种趣味性多一些。

（牡丹 - 访谈 -03）

从上面的访谈片段中，我们可以看出，初中英语教师在与现行教育体制构建的大系统的互动中，认识到教学评估方式不只是过去那种听写单元单词的单一评估形式，现在的教学评估方式需要更加多元化，并根据初中学生的年龄特点，更具有趣味性。正如牡丹老师所谈到的，她在自己的教学中尝试使用了游戏、即兴演讲、情景剧表演等多种活动形式。教师在学生参与这些活动的过程中，对她们的单词表现进行评估。

（2）英语在社会的受重视程度影响了初中英语教师对于课程设计和教学方法的理解。例如，百合老师谈到：

> 我觉得我之前还是以我们现有的这种课本大纲的教育课标为准。然后这几年，可能就是因为孩子们学得比较早，可能社会重视程度也比较多，所以这些英语的要求提得越来越高了，……事实上它的一个信号就是更加提升学生的语言应用能力，包括我们现在的考试，我觉得也越来越倾向于这种功能化了，有点类似于向国际化考试靠拢的意思。所以从我的感觉来讲，我觉得在我们教学过程当中，尤其是这种教学设计，真的就是远超于课本了。因为现在可能更多地是从学生本身现在具备的这种认知角度来看，我们得结合教材，然后我们再扩展内容，我觉得是这样的。
>
> 除了这种传统的以教材为主的标准化课堂，我觉得现在可能在课堂形式，再从课程设计角度来讲也非常多。因为我们学校是这样开展的，比如说我们有晨诵课，也就是原来做的早读，但我们这种晨诵课，包括课前都是以英语课外为基础的。比如说我们开得比较好的英语的歌曲，因为英语歌曲现在就是说，……每年都能学十几首英文歌。然后就是课前唱，包括会简单唱一些，包括在背后的一些简单的文化理解，大部分还是以这种唱的形式来学习语言，表达语言。同时我们也多了很多这种课外阅读拓展课，我就采用一个，现在还有好多，还有好多新的。但我们教传统的东西还能用好多年，所以包括朗读、角色扮演呀，包括一些文章的学习，我觉得从内容的丰富程度上，还有从内容的难易程度上可能远远超于课本，但更是对学生的一个认知，我觉得是这样的。所以整个的课程设计来讲，如果我们只强调一些教材这几节课，可能孩子们已经满足不了现行考试了，是这样的。所以在课程设计上，我们基本上做的就是歌曲和艺术的，我们一周要拿出一两节课来做这个东西，所以我觉得从课堂设计上还有一点变化的。
>
> （百合 - 访谈 -01-02）

从上面的访谈片段中，我们可以看出，百合老师在与现行教育体制构建的大系统的互动中，认识到社会上对英语的重视程度加大了，与之带来的是对学生的英语要求提高了，因此，作为教师，在课程设计方面也就相应地要进行改变。她认为，在课程设计方面，教学内容需要将教材中的内容和更多的课外拓展内容相结合，同时课堂形式应该更加丰富。例如她在自己的课堂中采用了唱英语歌曲、朗读、角色扮演等多种形式，并且课时也要相应地进行调整。例如她谈到一周要拿出两节课来进行这种新的融合的课程。

> 教学方法上我觉得也是实际上是灵活了。我觉得以前这种教学的话，还是走模式化的，大概我们之前还是读前、读中、读后，然后就是问几个问题，就这样下来的。现在，其实它是从学生，这种学生构建知识体系，是一个以目标为终点吧，我们在这过程当中更尊重的就是学生思维发展的路径。以前可能是问几个问题，它比较标准化，可能孩子们就需要我问一个问题，他们去文章找答案就行了。现在这种建构式的可能就没有那么标准化了，可能建立的途径方式都不一样，他在过程当中遇到的困难和他的想法也不一样，但是现在我们把目标确定好了，就为了要能建构这样的，就可能形式、包括内容还是比较开放性的，我觉得是这样的。
>
> （百合 - 访谈 -02）

此外，在与现行教育体制构建的大系统的互动中，百合老师认为自己在教学过程中更能基于所设定的教学目标，灵活地开展教学。她提出，自己不再只使用以前那种读前、读中、读后模式化的教学方法，而更关注学生知识体系的构建。问题不再只有标准化答案，而更关注学生的思维发展。

（3）初中英语教师在与现行教育体制构建的大系统的互动中，改变了对于英语教学资源的理解，认为现在的教学资料是开放式的，更加多样化、立体化，具有多模态教学资源的特点。例如，百合谈到：

> 包括我们现在的教学多元化，现在比较流行的是多模态是吧？因为学习，你的资源渠道太多了，实际上我们作为英语老师也讲，

经常能看得见这些小视频，这个渠道太多了，而且这种一两分钟、三分钟的小视频就能让你从中吸收很多，我觉得是这样的。而且开放式的教育资源就不像原来我们做这种标准化的教学视频，它标准化，类似于我们的课堂没有什么额外的、或者以个人感受为准的，它更强调达到这门课程的目标就行了。现在这种开放是在于它就是多层角度，有的可能从文化，有可能一点感受，反正就是从各种角度让你更加立体化地、鲜活地去感受语言所承载的背后的文化，我觉得还是挺好的。

（百合 - 访谈 -02）

从上面的片段中我们可以看出，初中英语教师对于英语教学资源有了自己全新的理解，认为现在的英语教学资源渠道更多，更加开放，并且教学资源本身的内容更能够体现多样化、立体化。她们在与现行教育体制构建的大系统的互动中，更加认识到了英语教学资源所具有的多模态的特点。

（4）初中英语教师在与现行教育体制构建的大系统的互动中，在师生角色的理解上，更加认识到学生作为学习者的主体地位以及教师作为引领者的主导作用。例如：

我觉得近两年的一个变化是以前更加注重教，现在能够有一定的转移，更注重学生作为学习者，他在学习英语时候的内心感受。比如说我会去找他们来聊一聊，他自己在学习英语过程中的困难在哪儿，他的畏难情绪是由什么产生的。然后通过和学生这种比较单独的、不同的交流，能够去挖掘可以让他继续去学习英语的方式。

（牡丹 - 访谈 -04）

我觉得因为现在英语课堂真的是挺开放的，经常会有一个结合生活情境的一个小课题、小的情境的输入，这种情况下跟学生解决问题的过程当中，方法都是不一样的，包括他的价值观，包括他看的那些角度都不太一样，所以我觉得协商过程可能比以前来讲更多了，是这样的。而且孩子们的很多的想法，其实也是让老师很出乎意料的，而且还是很有引导价值的，我觉得是这样的。

（百合 - 访谈 -02）

从上面的访谈片段中我们看出，在与现行教育体制构建的大系统的互动中，初中英语教师认识到教学需要以学习者为中心，由过去注重教变为现在关注学习者的主体地位，关注学习者学习英语的感受。例如，牡丹老师谈到，她会和学生多交流，了解学生的学习困难并针对不同学生的学习情况，思考如何才能更好地帮助他们学习英语。同时，百合老师谈到自己现在与学生的协商交流增多了，而且在课堂中，更注重对于学生不同想法的引导，充分认识到了教师作为引领者的角色。

此外，研究者通过 Nvivo11 软件分析了 1488 份初中英语教师调查问卷中开放性问题的节点覆盖率（如图 4.3 所示），发现初中英语教师在与现行教育体制构建的大系统的互动中，在英语课程设计方面对单元整体教学、基于课本使用开展课程设计以及基于课型开展课程设计等内容有很深刻的理解，其中单元整体教学这一节点覆盖率最高，说明初中英语教师在与现行教育体制构建的大系统的互动中，在英语课程设计方面，对单元整体教学的理解认识最为深刻；在英语教学方法方面，关注学生和实现育人目标这两个节点的覆盖率最高。其中，在关注学生方面，初中英语教师谈到，在与现行教育体制构建的大系统的互动中，他们更加关注边缘学生，关注学情，关注学生输出，关注学生的学习过程，注重激发学生的兴趣和动机，注重学生的可持续发展，注重因材施教；在英语教学评估方式方面，初中英语教师对反拨作用和摈弃唯分数论有了更深刻的认识，其中反拨作用的节点覆盖率最高，说明初中英语教师在与现行教育体制构建的大系统的互动中，深刻认识到了反拨作用的重要性。在英语教学资源方面，初中英语教师对资源丰富、资源使用质量和给学生资源等内容体会最深，其中资源丰富的节点覆盖率最高，初中英语教师谈到在与现行教育体制构建的大系统的互动中，对多利用资源和多渠道拓宽教学有了更加深入的理解；在师生角色方面，对学生角色、教师角色以及师生关系等内容有了更为深刻的理解，其中对学生角色的理解节点覆盖率最高，初中英语教师在与现行教育体制构建的大系统的互动中，充分认识到了学生是课堂的主人以及学生是主体等有关师生角色的重要信念。

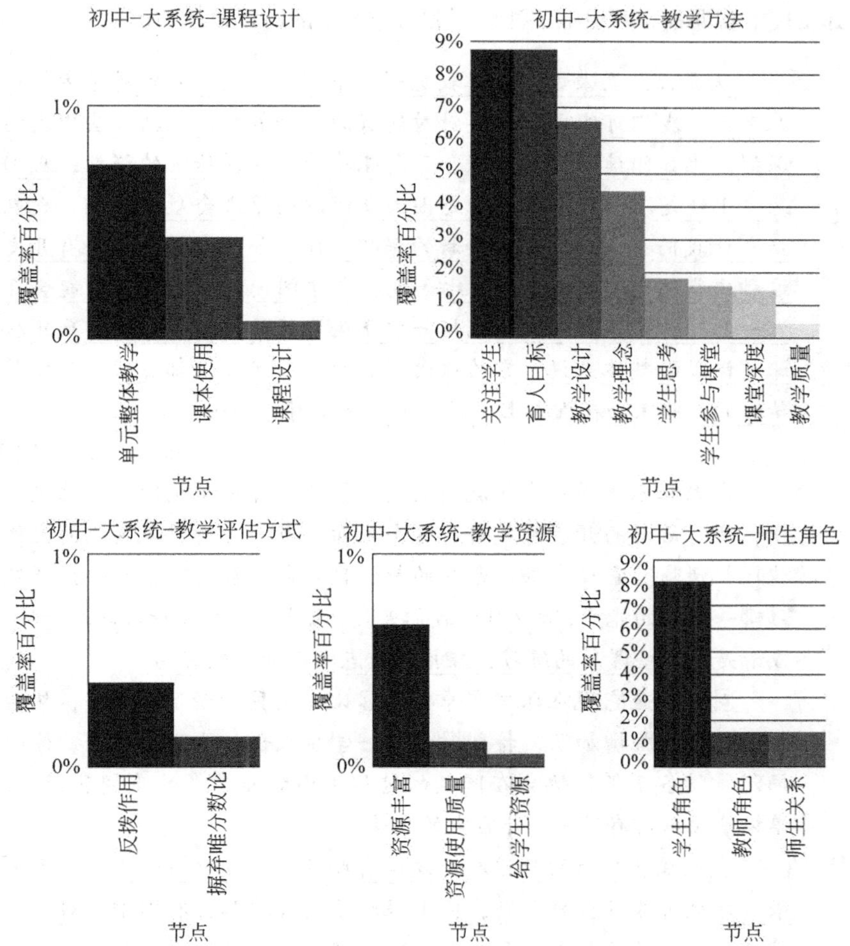

图 4.3 初中英语教师在与现行教育体制构建的大系统的互动中教师信念节点覆盖率示意图

4.1.3 高中英语教师信念发展特点

在与现行教育体制构建的大系统的互动中，高中英语教师的信念发展呈现出以下一些特点：

（1）新课标和新教材促使高中英语教师在英语课程设计中更加注重

开发校本新课程，并更加关注词汇和写作教学的课程设计。例如：

> 从课程设置来说，反正我觉得这个影响很大。其实对于老师个人来说，我们可能更多地是针对现有的这种教材，包括一些固定的课型，比如阅读课、写作课、习题课等等，这样传统的课型，我们基本上还是有这样的课。但是因为新课改的推进会激励我们，也包括会让我们去重新考虑一些新的课程。你比如说我们可能会有开发这种文学阅读的科目；……比如说在文学阅读之后，我们可能会开发一些比如说报刊阅读，包括一些学生之间的读书会等等。反正从课堂设置的整体来说，它的概念、它的范围实际上都在扩大。但是传统的一些东西在设置上、设计上仍然是有，……
>
> （杜鹃 - 访谈 -03）
>
> 新教材跟之前的变化就是它新的模块、每个单元的主题比较清晰，所有活动的开展都是针对这个主题来做的，所以说我们的主线就比较清晰。它现在每一部分的教学目标也比较清晰，比如说是练习哪一方面的能力，所以对于我们来说，就是不管是进行活动的开展，或者是做一些课后的练习，在把握重点方面就比较容易。
>
> 对，但是它现在课文文章的内容比以前更加新了，……，然后阅读的难度就增加了，特别对于高一学生来说，他刚上高一，他的词汇量储备不够，他会在阅读的过程中遇到非常多的难词和新词，单词量比以前有了一个非常大的改变。
>
> 我们现在分析的时候就会发现有些词也必须要跟学生说，因为很多学生可能不会自己查，他上课对于阅读就非常有困难。对于我们来说，真的是备课量要加大，因为可能以前那些课文基本上看一看这些词方面没有问题，但是现在出来很多非常地道的英语表达，我们之前也很少接触。所以现在我们需要再继续查一下这些，比如习语或者俗语的出处、深刻的含义什么的，都要去查一查。
>
> 其实是另一个意思，就是说他们的生词量非常大，然后可能要对这些词进行分类，有些词只是因为它出现在了文章中，并不需要学生真正掌握，因为词汇量非常大。该掌握的还是高一阶段需要掌握的那些词，但是这个词因为它在文章中，为了保持语言的地道，

或者是表达更加生动，所以就没有进行改变或者去掉。

还有一个方面我觉得是写作，因为以前我记得写作好比像专项练习一样，学了很多课文之后，突然这阶段要做写作练习，就开始把各种类型的写作拿出来专门讲。但是现在跟课程的设计一起，就是每一单元都有一个写作任务，每一单元都要这样，现在是这样的。

（玉兰 - 访谈 -02-03）

从上面的访谈片段中，我们可以看出，在与现行教育体制构建的大系统的互动中，特别是受到新课标的影响，高中英语教师意识到英语课程设置需要更加全面，需要进行整体设计。正如杜鹃所谈到的，她所在的学校开始进行一些校本课程的开发，例如文学阅读、报刊阅读等课程的开发。同时，受到新教材的影响，高中英语教师意识到教材中词汇量的增多不仅增加了她们的备课量，更重要的是需要她们重新思考词汇教学的整体设计，例如需要对词汇进行分类。此外，写作教学也不再是之前那种集中的阶段性的写作练习，而是根据教材的特点，每个单元都有相应的写作任务，因此需要针对这种新的变化，进行课程设计的调整。

（2）在与现行教育体制构建的大系统的互动中，高中英语教师对英语教学方法的理解也发生了变化，特别是对开展项目式教学、深入挖掘文本以及注重学生思维培养和核心素养发展等方面的教学方法有了更加深入的思考。

我感觉新教材使用了之后，对于某些我们所提倡的这种教学方法的实施是有帮助的，可能是创造了一些条件。比如说像现在每单元都有明确提出的一个 project，这个项目，还有包括一些 presenting ideas，就做这些表达类的。或者是不管是口语的，还是书面的，都提供了一些像这种材料或者是方法之类的，对于我们实施，比如发展培养学生的关键能力，还有核心素养，让我们觉得像抓手，更有一些可以用的东西。我觉得对于我来说，我也更愿意尝试，比如说把一些能够真正培养学生能力的东西加进去，包括在阅读方面做一些深层次的阅读文本内容的挖掘，还有让学生探索思考，我觉得对我们来说是有了这方面的变化。

（玉兰 - 访谈 -04）

从上面的访谈片段中我们可以看出，高中英语教师受到新教材的影响，开始在教学方法的实施上有了一些变化。正如玉兰老师所谈到的，她开始采用项目式教学等方法。这些方法的实施为培养学生的关键能力和核心素养提供了很好的抓手。同时，在自己的教学中，玉兰老师开始注重深入挖掘阅读文本的信息以及关注学生思维的培养。

（3）在与现行教育体制构建的大系统的互动中，高中英语教师对英语教学评估方式的理解有了新的变化，更加关注形成性评价，但同时也意识到形成性评价的开展具有一定的困难。例如：

评价方法像以前我们可能用考试，像我刚工作的时候可能有考试，包括平时的这种，可能相对来说，虽然我们会给学生一个平时的成绩，但是更多地可能是关注于学生的考试成绩。那么这两年慢慢地，从我自己来说，比如我们有平时的过程性评价，比如有学生课堂的反馈，有学生积累的反馈，包括他所有的写作过程。还有，举个例子，像我们高三复习，写作也做了最后的评价，不是学生写完一稿，我们评一稿就完事了。（而是）等学生评一稿之后，我们可能会有二稿、三稿、四稿，大概高三的时候，作文大概需要改四稿。虽然要改四稿，但这整个过程其实就是一种过程性评价，包括学生的一种过程性的学习方法，包括其他一些动态的。我们不仅仅是看成绩，一些动态的、学生的态度等等各方面都是我们需要去衡量的。

（杜鹃 - 访谈 -03）

我觉得关于评估方式，其实之前我们也会探讨很多这种评价方式，包括一些过程性的评估，还有师生之间、生生之间的那些评估，但是现在我觉得评估方式是最难进行改革的一个方面。因为我们感觉课时比较紧张，在过程评估这方面就比较少，还有现在因为还是以成绩为主的，所以说我觉得现在评估学生的方式还是仅限于期中、期末考试，或者是平时的水平测验之类的。关于其他的一些我们所提倡的方式，我觉得针对于目前的情况来说，是非常难实施的，感觉学生也并不知道如何进行评价，包括不仅是对别人评价，也有对自己的评价。因为这个东西可能也需要他们逐步地训练，他们以前可能并没有接触过，从刚开始学习到现在为止，从来没有接触过如何对自己以前的这些学习方法，或者是整个学习过程中所获得的东西进行一个自我评价，所以说我觉得在这方面他们的能力是非常弱的，我觉得这是存在的问题。

（玉兰 - 访谈 -04）

从上面的访谈片段中，我们可以看出，在与现行教育体制构建的大系统的互动中，高中英语教师一方面更加关注形成性评价，例如，杜鹃老师在高三复习阶段采用了形成性评价的方式，来帮助学生开展写作学习，不仅可以关注学生写作能力的变化，而且也可以关注到学生写作态度等方面的变化。另一方面，正如玉兰老师所谈到的，高中英语教师虽然也意识到需要在自己的教学中开展形成性评价，但由于受到目前整个评价体制的影响以及学生对于评价方式不熟悉等原因的干扰，形成性评价在实际教学中也存在难以实施的问题。

（4）在与现行教育体制构建的大系统的互动中，高中英语教师认识到教学资源的利用率增加了，课外阅读材料也增多了。例如：

随着现在科技信息技术的发展，资源利用率的蔓延也是越来越广，从原来没有网络，我当时特别清楚，当时上课的时候只有教参，然后所有东西也没有 PPT，我们只有投影仪。我们画那个，我不知道你还记得吗？在塑料纸上画一些图或者写。然后慢慢地开始有 PPT，慢慢地开始通过 pad 上课，包括我们高三上写作，包括上次评优也提到了那种信息技术跟教学的联系。那么资源上我们可以借鉴很多，可以有国内的，也有国外的。包括教学资源，我们也突破了课本，有课本，有 ××× 报，有 ××× 英语，有小说等等，实际上外延是越来越大的。

（杜鹃 - 访谈 -03-04）

从上面的访谈片段中我们可以看出，高中英语教师在与现行教育体制构建的大系统的互动中，认识到教学资源的使用更广泛了，而且教学资源不只是局限在课本本身，还可以有多种课外阅读材料。正如杜鹃老师所提到的，教学资源的“外延越来越大”。

（5）高中英语教师在与现行教育体制构建的大系统的互动中，认识到了在师生角色中，学生要发挥主体作用，教师要发挥引导者的作用，但同时也认识到在实际教学中落实这种师生角色仍然存在一定的困难。例如：

> ……一定是由原来的教师为主体变为学生为主体。这样的变化是在进行当中，一直是 on the way 的，必须在进行当中的。学生为主体，教师应该是起到一个引导者，包括合作、各个方面监督等的作用。那么在平时，我们在评价各方面时，学生可能就真正的是主体，比如说双方之间的评价，特别在写作上、阅读上等各方面来说，其实整体上都是更加体现于学生为主体，把课堂还给学生。这样的整个大的一个变化。
>
> （杜鹃 - 访谈 -03-04）

从上面的访谈片段中我们可以看出，高中英语教师认识到了在教学中应该以学生为主体，教师要发挥引导者的作用。例如，杜鹃老师谈到，她在平时的写作课和阅读课中，特别是在评价方面，更突显了学生的主体地位，能够体现把课堂还给学生这一理念。

> 跟新课程标准相符合的一些课型，或者是这种教学模式、教学方法的设计，都是依照我们现在提倡的新课改的模式的话，那么师生的角色当然会发生一个非常明显的变化，就是以学生为主体，学生进行探索，然后教师是起到一个指导的作用。
>
> 但是实施起来也很有难度，我觉得是存在两方面，首先一方面是在客观的条件下，比如说如果是以学生探索为主的话，包括我们其他的老师也是存在这种想法，就觉得让学生自己去探索、发现，再找出一些规则或者是什么，提高他的能力的过程是非常长的，好像没有这么长的时间来做这些事情，然后就会变成以教师为主体，就还是像以前一样，比如说老师把这堂课的所有东西都说完了，然后这堂课就结束了。另一方面是学生，我工作发现好像学生也比较习惯于教师为主体的一些课堂，比如说他就习惯于把老师课堂上讲的东西全部都记下来。当然这个过程中他可能并没有学会什么东西，

也没有获得什么能力，但是他就觉得在这个过程完成之后，他就已经完成了这一节课的任务，就好像只要记下来了，这一节课学完了，然后书上画了一些东西，他的这一节课的学习任务和这些目标就都达成了，学生这一方面也是这样的想法。……我觉得是一点用也没有的，但是怎么说，当然我非常赞成学生在整个学的过程中，他是要有自我探索、自我发现，然后才能够掌握一些能力，包括不管是对文本的解读，还是写作或者是整体的一个应用能力。但是现在觉得非常有挑战性，感觉实施起来难度非常大。现在的问题是我们知道什么是应该做的，什么是正确的，什么是发展的，应该改革的，但是好像遇到的阻力非常大，然后很多时候我们都可能只能够做小部分的尝试，做一些，就在可能的条件下，如果一周的话可能有一节课的时间可以让学生来做这些事情。但是大多数时间我觉得还是只能是教师要做的事情很多。

阻力我觉得是各个方面的，首先学生家长是一方面。有的学生家长，他就会觉得你看老师上课讲了这么多东西，那么这个老师也会很多东西，然后我的孩子记下来这么多东西，好像是这堂课才是有用的。他来的目的都是为了获取知识，他觉得只有这些知识放到了这个本子上先记下来了，就觉得他掌握了。再一方面是成绩，学习成绩，他觉得学习成绩也提高了，那么这个课堂是有效的，它一方面是这样。但是往往我们所说，学生用这种学生为主探索的这种模式当然是大有益处的，但是它需要一个过程，比如说他需要首先了解他如何才能够完成有效的探索，再有真正的这种能力的掌握，其实我觉得是需要一段时间的积累的。首先是从家长这一方面，然后学生自身，比如说他会觉得自己探索这方面的知识很麻烦，他就会觉得不如别人先告诉我。就是别人告诉我了之后，可能自己并没有真正的掌握，但他好像觉得自己知道了这么回事。我觉得这两方面是最主要的一些问题。

大家可能有一种想法，就是说课堂主要应该老师讲，老师如果不讲的话，就好像老师没有什么作用，在课堂上就是学生也觉得自己老师什么都没讲，我什么都没有学到，然后就感觉这个课是完全没有用的。我觉得直到现在为止也还是有很多学生是这样想。我觉得可能是因为他们从小接受的一些教学方法，我也跟一些同学交流过，他们的教学方法就是老师上课把所有的重点都讲完，然后下课学生们就开始做非常多的练习，然后练习之后老师就在讲题，讲完题之后不会的就再做题，主要就是以这种模式完成的。学生们也有可能是习惯了，他们就觉得这种模式才是对的。然后其他的如果让他自己来做的话，自己探索，他首先不知道如何去做，然后他好像也觉得这种方法好像对自己没有什么效果，就是这样。

（玉兰 - 访谈 -04-06）

上述访谈片段表明，虽然高中英语教师也认识到了在新课标的理念下，师生角色发生了变化，应该体现学生为主体、教师为主导的师生角色。但正如玉兰老师所谈到的，“现在的问题是我们知道什么是应该做的，什么是正确的，什么是发展的、应该改革的，但是好像遇到的阻力非常大。”她认为，阻碍新型师生角色发展的主要原因有：（1）由于课时有限，教师认为在课上让学生自主探究会花费大量时间，因此仍然采用原有的教师为中心的教学方式；（2）学生已经习惯于这种长时间以教师为中心的课堂，无法适应以学生为中心、发挥学生主体地位这种角色的转变，主要表现为不知如何进行自主探究以及认识不到自主探究对自己学习的益处；（3）家长对于传统师生角色的固有看法。虽然有来自各个方面的阻力，但玉兰老师也在努力尝试转变原有的师生角色，正如她所谈到的，“……很多时候我们都可能只能够做小部分的尝试，做一些，就在可能的条件下，如果一周的话可能有一节课的时间可以让学生来做这些事情……它需要一个过程……”。从中我们也可以看出，在与现行教育体制构建的大系统的互动中，特别是新课标对于高中英语教师信念转变的影响以及在实践新课标理念的过程中，高中英语教师所遇到的挑战以及他们积极适应这种挑战所做的努力。

此外，研究者通过 Nvivo11 软件分析了 371 份高中英语教师调查问卷中开放性问题的节点覆盖率（如图 4.4 所示），发现高中英语教师在与现行教育体制构建的大系统的互动中，在英语课程设计方面对不局限于教材开展课程设计、注重文本解读、单元教学、考虑学生实际开展课程设计以及课程设置多元化等内容有很深刻的理解。其中，不局限于教材开展课程设计这一节点覆盖率最高，说明高中英语教师在与现行教育体

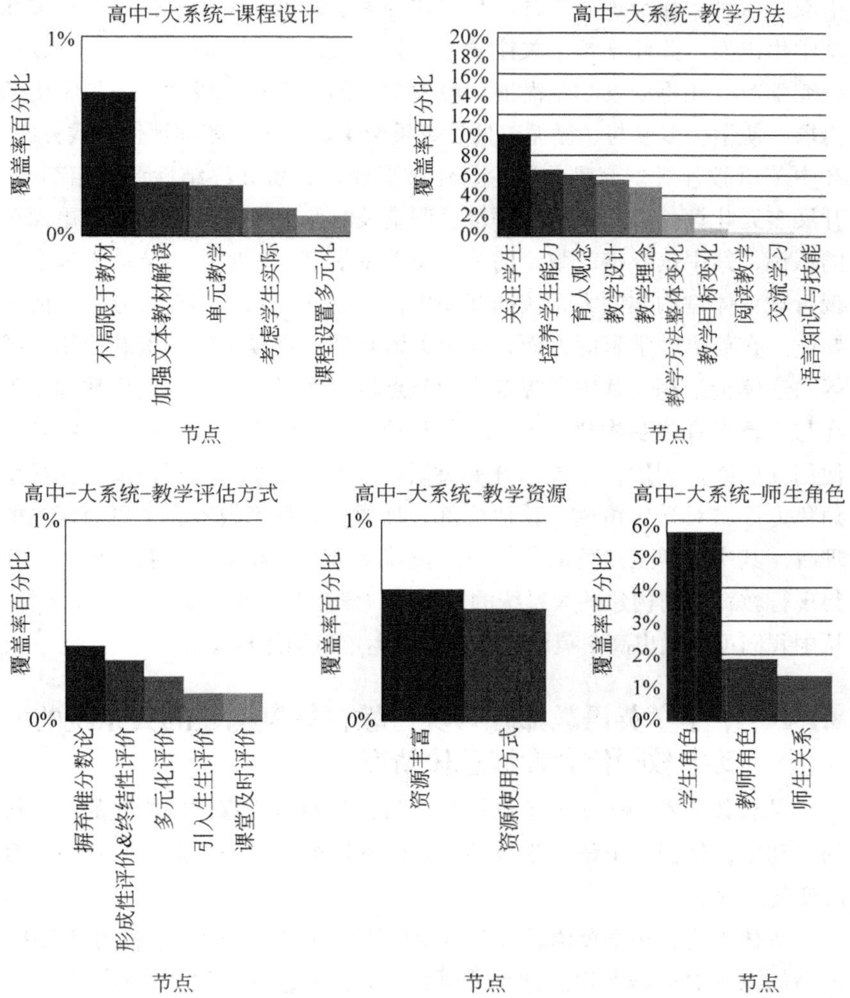

图 4.4　高中英语教师在与现行教育体制构建的大系统的互动中教师信念节点覆盖率示意图

制构建的大系统的互动中，在英语课程设计方面，对不局限于教材开展课程设计的理解认识最为深刻。在英语教学方法方面，对关注学生、培养学生能力、体现育人理念、教学设计中所开展的具体教学方法等多个内容有了更深入的认识，其中关注学生这一节点的覆盖率最高。高中英语教师谈到，在与现行教育体制构建的大系统的互动中，他们更加关注从学生出发、关注学情、关注学生差异、关注学生发展、关注学生合作探究学习、注重激发学生潜能、激发学生的兴趣和积极性、满足学生的需求、使学生多参与、循循善诱、尊重学生。在英语教学评估方式方面，高中英语教师对摈弃唯分数论、注重形成性评价和终结性评价相结合、开展多元化评价、引入生生评价、课堂及时给予评价等内容有了更深刻的认识，其中摈弃唯分数论的节点覆盖率最高，说明高中英语教师在与现行教育体制构建的大系统的互动中，深刻认识到了摈弃唯分数论的重要性。在英语教学资源方面，高中英语教师对资源丰富和资源使用方式等内容体会最深，其中资源丰富的节点覆盖率最高。高中英语教师谈到在与现行教育体制构建的大系统的互动中，对使用丰富的资源，特别是使用互联网，利用信息技术开展英语教学有了更加深入的理解。在师生角色方面，对学生角色、教师角色以及师生关系等内容有了更为深刻的理解，其中对学生角色的理解节点覆盖率最高。高中英语教师谈到，在与现行教育体制构建的大系统的互动中，学生是主角，是主人，是主体。从中我们可以看出高中英语教师对于学生角色的深刻理解。

4.1.4 中小学英语教师在与现行教育体制构建的大系统的互动中教师信念发展总体情况

从整体来看，中小学英语教师认为在与现行教育体制构建的大系统的互动中，他们对英语教学评估方式的理解变化最小，对师生角色的理解变化最大。

具体而言，小学英语教师在与现行教育体制构建的大系统的互动中，逐渐加深了对英语课程设计和英语教学方法的理解，例如，对单元教学有了很深刻的理解，对关注学生、顺应时代变化、培养学生能力，体现育人目标、关注学生学习过程与输出，培养学生思维、教学多样化等内容有了深入的认识，个别教师对评价角度的转变有了深刻的体会。但从整体来看，小学英语教师并未谈到在英语教学评估方式上的深刻理解，对教学资源的理解，特别是对待教学资源的态度有了改变，对学生角色有了更为深刻的理解。

初中英语教师在与现行教育体制构建的大系统的互动中，对文本解读、单元整体教学有了更加深入的理解，更加关注学生和实现育人目标，对评估方式的多元化以及考试的反拨作用有了新的认识，更关注学生知识体系的构建以及思维的发展，对教学资源的丰富以及多模态教学资源的特点有了更加深入的理解。在师生角色的理解上，更加认识到学生作为学习者的主体地位以及教师作为引领者的主导作用。

高中英语教师在与现行教育体制构建的大系统的互动中，在英语课程设计中认识到课程设计要不局限于教材，在开展课程设计中更加注重开发校本新课程，并更加关注词汇和写作教学的课程设计，同时更关注学生，对开展项目式教学、深入挖掘文本以及注重学生思维培养和核心素养发展等方面的教学方法有了更加深入的思考。同时，对英语教学评估方式的理解有了新的变化，摈弃唯分数论，更加关注形成性评价，认识到教学资源的丰富，并且体会到教学资源的利用率增加了，课外阅读材料也增多了，认识到了在师生角色中，学生要发挥主体作用，教师要发挥引导者的作用，学生是主角、是主人、是主体。

4.2 中小学英语教师在与专家团队构建的外系统的互动中教师信念发展特点

表 4.2 和图 4.5 呈现了中小学英语教师在与专家团队构建的外系统的互动中其教师信念的发展情况。

表 4.2　各类教师在与专家团队构建的外系统的互动中教师信念发展情况

所教学段	对英语课程设计的理解	对英语教学方法的理解	对英语教学评估方式的理解	对英语教学资源的理解	对师生角色的理解
小学	3.94	3.95	3.89	3.9	3.89
初中	3.94	3.94	3.9	3.93	3.94
高中	3.84	3.86	3.78	3.87	3.86
总计	3.92	3.93	3.88	3.91	3.92

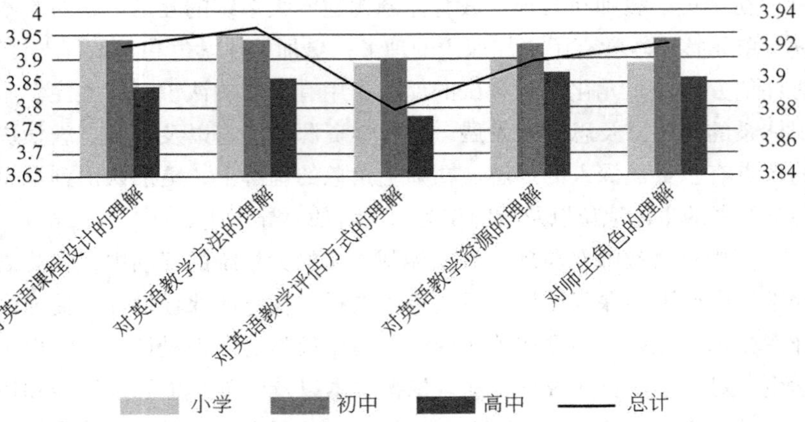

图 4.5 各类教师在与专家团队构建的外系统的互动中教师信念发展情况

从整体来看，中小学英语教师认为在与专家团队构建的外系统的互动中，他们对英语教学评估方式的理解变化最小，对英语教学方法的理解变化最大。其中，小学英语教师认为，他们对英语教学方法的理解变化最大；初中英语教师认为，他们对英语课程设计的理解、对英语教学方法的理解和对师生角色的理解的变化都很大；高中英语教师认为，他们对英语教学资源的理解变化最大。从上述结果我们可以看出，专家团队构建的外系统对中小学英语教师信念发展的重要影响，特别是对他们在英语教学方法的理解上有明显的影响。

4.2.1 小学英语教师信念发展特点

通过访谈，研究者发现，在与专家团队构建的外系统的互动中，小学英语教师的信念在不断地发生变化，经历了“螺旋式”的改进过程。例如：

> 但是如果现在跟有些高校合作的，我们看一些课题的高校老师、专家团队，一是比较及时地带来比较新的理念的指导，从教学或者别的层面，我觉得现在这些高校的专家可能就是在把我们从纠缠的生活中往外拽，就是你陷在里边之后，你还得想着得出来，再回过头来看看我们到底是在做什么。一是给我们注入新的这种理念，第

二就是给我们提醒，让自己得有平时可能在教学当中不接受，说你不是也平常就知道，哦原来是这样，我还得再尝试一下，再改变一种方式。没过一段时间又陷进去了，然后通过一些培训又再回来，老师在这个过程当中也在螺旋式地改进自己的教学吧。

（茉莉 - 访谈 -03）

从上面的访谈中我们可以看出，小学英语教师认为，专家团队构建的外系统帮助她们更新了教学理念，不断提醒自己努力尝试新的教学方式，改变自己原有的教学理念。正如茉莉所谈到的，她认为自己在经历着“螺旋式”的改进过程。

（1）小学英语教师在与专家团队构建的外系统的互动中，对教学方法的理解有了明显的改变，特别是在创造情境让学生进行真实的、有意义的交流，以及放手给学生更多的机会、让学生参与小组合作两个方面，有了更加深入的理解。例如：

最开始比如说课堂当中，就是我们从哪方面去引导学生，进行课堂设计，怎么引导学生去更好地进行真实有意义的表达。一开始我们设计的框框比较多，我怎么问你怎么答，都在老师的掌控之中，就是不关注学生内心真实的想法，他到底敢不敢去那样做，因为不知道学生会说什么。但是现在我们经过一些课题，经过一些专家的指导之后，就觉得英语不是说单纯地学完这几个词，读完这篇课文就可以了，更多地感觉是要把语言去真实地有意义地运用，这个才是最重要的。

教学方法可能现在自己尝试通过专家的指导，去给学生更多的空间，就是说到时候设计一些比较多的学生能够参与进其中的一些课堂活动吧。可能常见的就是咱们各种各样的小组活动，任务型教学当中涉及的一些任务，在小组活动中去完成，然后老师也想看看学生在这个活动当中能做出来什么，具体会怎么样。

（茉莉 - 访谈 -03）

通过茉莉的描述我们可以看出，在与专家团队构建的外系统的互动中，小学英语教师更加认识到真实地、有意义地运用英语的重要性，并开始在自己的教学中引导学生进行真实的、有意义的表达。同时，她们认识到教师需要通过任务型小组活动，放手给予学生更多交流表达的机会。

上述特点从茉莉老师的反思日志中也可以体现出来：

> 课后专家组老师评课，具体地指出了本节课存在的问题，并给出了详尽的改进建议。其中“缺乏真正意义上的交流”是我本节课中最大的不足。课后我也及时地进行了教学反思，就是：课堂呈现注重形式，而不关注学生的思维和表达；操练形式单一，缺乏有效性；将一节英语课上成了用英语讲解的自然科学课，没有体现学生对语言的主动运用，没有学生自主、自我的表达。
>
> （茉莉 - 反思日志 -01）

从上述反思日志中我们可以看出，通过专家的指导，茉莉老师认识到了自己教学中的不足，即课堂中“缺乏真正意义上的交流”，换句话说，茉莉老师认识到了在课堂中与学生进行真正意义交流的重要性。同时，茉莉老师认识到了课堂中需要关注学生的思维和表达，给予学生自主表达的机会。小组活动形式不能过于单一，要体现有效性，正如上文她在访谈中所提到的，需要设计“各种各样的小组活动”，例如任务型小组活动，使得学生在积极参与小组活动的过程中，学习和运用语言，从而增加小组活动的有效性。

（2）阅读课标解读等相关书籍、参加区教研活动、聆听专家讲座以及教研员引领等培训方式是影响小学英语教师在与专家团队构建的外系统的互动中，教师信念发生变化的主要原因。

> 比如说跟着一些课标课改解读那种书，它们会有好多教育理论、教育方法，然后在学习的过程当中会有一些；……还有比如说在区里的教研活动当中，慢慢地就会觉得，哦，大家的这些方法都可以集中起来让自己用。可能自己一个人的想法是比较片面的，然后看过了其他老师的这些课、这些教学设计，还有看看课标上给的那些理论，我觉得我理解了，或者说自己在一定程度上去理解了这些教学方法，或者说看看那些教学内容，我们可以选择什么样合适的教学方法。
>
> （水仙 - 访谈 -02）

有时候会听一些讲座，像那种专家团队，他们会站得比较高，可能有一些比较好的想法。还有一些像教研员的引领，像我们××区的教研员，我觉得都是挺优秀的。有一些新的学习内容，还有一些新的见解，在教研活动中，有时候学到的东西还是蛮多的，所以能跟他们学到一些东西。

我记得有一次去听区教研员××老师的一个讲座，她当时讲的不是一般的教研内容，讲的是 sight words。我感觉其实她当时的讲座，就像一个特别小的课程一样，从 sight words 的起源研究开始讲起，讲到了 sight words 的历史，我们为什么要学要研究 sight words，给我们举了好多例子。就说你看这是一个普通的文段，然后我们把 sight words 全抠掉的话，剩下的文字就特别少了。所以说反正挺直观的，告诉我们说，哦，原来 sight words 处理了现在大部分的文字，对学生来说就很好理解了。后来她又给我们讲了几种主要研究 sight words 的方法，介绍了几个专家现在的研究形式是什么样子的。后来又介绍了一些小小的绘本，然后就让我们自己设计一个小小的，就是上一节课关于这个绘本如何处理 sight words。她当时用了一套绘本，就是里面有 sight words，而且还有一些固定的句型，里面划的全是那些重要的词汇。我感觉处理绘本方面，自己还是不是特别擅长，因为我一般都会在教材上面走得比较多，所以那一次的感觉就是听了她的小小的 sight words 的研究，我觉得自己还是蛮有触动的。我一直教高年级，一直就不敢用低年级的教法，我就感觉那么简单的东西，好像没有什么特别好教的。但听完她的讲座之后，我就觉得原来 sight words 这些还真是比较值得研究的。而且还有一些，她还有带领自然拼读，因为我不知道低年级，所以一直没有看过。我觉得这个也是，自然拼读加上 sight words，感觉低年级的语言重点大部分的两块已经抓住了。

（水仙 - 访谈 -03）

从上面的访谈片段中我们可以看出，小学英语教师在与专家团队构建的外系统的互动中，受到阅读课标解读相关书籍、参加区教研活动、聆听专家讲座以及教研员引领等方式的影响，改变了原有对教学方法的理解。如水仙老师所提到的，个人的教学想法还是片面的，但是在参加区教研活动中，看了其他老师的课，就会学习并尝试在自己的教学中去应用这些教学方法，这样就可以不断丰富自己的教学方法。特别是水仙老师用聆听区教研员老师讲座的例子，阐释了自己在与专家团队构建的外系统的互动中，如何学习了新的教学方法。例如，她谈到自己学会了如何在绘本中处理 sight words，以及如何在低年级中采用自然拼读和 sight words 相结合的方式等，从中我们可以看出她在与专家团队构建的外系统的互动中，对教学方法的理解有了巨大的变化。

> 我自己可能以前的学习都是，因为学生的基础不是特别好，所以就大部分停留在语言的学习，就是单词怎么读，怎么样去把它应用，句型怎么去理解，然后课文，可能就停留在那种知识的层面，但是在能力的层面就会少一点。所以我记得还蛮清楚的，就是从进到 ×× 区，第一次大教研，特别多的人，当时请了一个教研老师给我们讲思维。我就觉得原来知识之外，我们教学生真的还要有思维。当时就从那个时候开始，我就发现可能思维这东西还是蛮有趣的，虽然我自己可能以前都没有认识过，也不是很擅长，但觉得思维这个东西还是蛮有意思的，然后跟学生之间就不由地就会去探讨这个事情是为什么呀。
>
> 你会去聊这些东西，然后在跟他们讲一些知识点的时候，可能以前就不会，跟他们讲课的时候就会转变一下，就是说这些东西我要有条理地很清楚地告诉你，然后借助一些比如说括号图啊、其他图形啊，让你能够清楚地看到这些东西。就是自己有意识地去把学到的这些东西运用到课堂上来。我觉得自己还是受益蛮大的。
>
> （水仙 - 访谈 -04-05）

从上面的访谈片段中我们可以看出，水仙老师以前的教学更关注学生的英语语言知识层面，对学生的英语能力特别是英语思维关注很少。但是在一次聆听了专家讲思维的教研活动后，她开始更为关注学生的思维，特别是在课堂中会通过和学生共同探讨某些问题，来有意识地培养学生的思维能力，并且会运用所学到的一些教学方法，比如她所谈到的括号图等来帮助学生有条理地梳理内容。这个例子非常清晰地阐述了参加区教研活动和聆听专家讲座对于影响小学英语教师理念转变所发挥的重要作用。

L老师向我们推荐介绍了 Sustained Silent Reading（SSR）相关论文学习材料，并为英语教研组推荐了 *The Power of Reading* 这本书。C校长还当机立断地为英语教研组购买了《阅读的力量》中译本一书。我拿到这本书后，利用上下班坐公交车、在校空节时间，用了不到一周如饥似渴地读完了。这本书给我的触动很大，作者运用了大量的例证和数据说明自由阅读的重要性和它极大的作用力和影响力。我被这本书打动了。就我本身来说，我自己是很喜爱阅读的，经常购买书，闲暇时间阅读。依我对学生的了解来看，他们也很喜欢阅读，只是没有充足的阅读时间和优质的阅读材料。结合自己的课堂教学，我决定一切还要从头开始：每节课必须“忍痛割爱”，挤出5到10分钟的时间我和学生一起阅读。我自己购买了×××阅读材料一至十级，在进入课堂与学生一起阅读之前，先利用空闲时间争分夺秒地提前阅读了一遍，了解这套阅读文本的大概内容，然后再与学生利用每节课5到10分钟的时间共同阅读。我会推荐某一小册进行阅读，也会征询学生的意见，根据他们的兴趣倾向阅读。总之，我们只是为了兴趣而读，不带任何目的地去读。我们要享受阅读带来的快乐。

（茉莉 - 反思日志 -01）

从上面的反思日志中我们可以看出，茉莉在阅读了专家推荐的书籍后，对于如何开展持续默读（SSR）有了更深入的理解。并且，她开始尝试在自己的教学中实施这一阅读教学方法，培养学生的阅读习惯以及帮助学生提高阅读兴趣，使学生真正能够享受阅读带来的快乐。

通过本学期第一次专家的听评课活动，我进一步明确了 Jigsaw 教学的方式和实施目标，即通过 Jigsaw 这种活动方式，学生在小组内通过询问、质疑、讲解、倾听中获取信息，并进行自主自发的交流表达。Jigsaw 是阅读课堂开展的一种外在形式，它可以帮助我们高效地实施阅读教学。我们的课堂不能仅仅停留在这种"外在形式"，更要关注形式之下学生习惯的养成，能力的发展和提升等，如学生的表达能力、倾听习惯以及批判性思维。在这样的反思之后，我在进行第二次阅读教学（"Bug Hunt"〈昆虫追踪记〉）实验时努力改进课堂设计和学生活动，力图从细节之处更加完善 Jigsaw 教学模式。通过此次阅读教学，学生不仅获取了信息，同时也获得了跨学科的知识。我想这正是我们阅读教学的目标之一：通过某种形式的阅读，我们获取的不应该仅仅是一些词汇和句子，更应该是广义宏观的"学习"，是综合能力的发展与提升。

（茉莉 - 反思日志 -03）

在上面的反思日志中，茉莉通过参与专家的听评课活动，对于合作拼图（Jigsaw Reading）的形式和特点有了更深入的理解。并且通过自己在课堂教学中尝试使用这种阅读教学方法，也对阅读教学应实现的目标有了更加清晰的认识，体会到了"from Learn to Read to Read to Learn"所蕴含的道理，即阅读教学不应仅仅是帮助学生学会读，认识一些词汇和句子，更重要的是帮助学生通过阅读，获取更多的知识，认识世界，即真正做到"Read the word and the world"。

上述两段反思日志也可以说明在与专家团队构建的外系统的互动中，茉莉对持续默读（SSR）和合作拼图（Jigsaw Reading）这两种阅读教学方法的理解以及对阅读教学目标的认识所发生的巨大变化。

2014 年 4 月 12 日全国教育科学"十二五"规划 2011 年度教育部重点课题第二届"中国中小学生英语分级阅读体系标准研制"研讨会"绘本阅读——提升小学生英语阅读素养的有效途径"在京召开，我很荣幸有机会参与全天的会议。会议中除了聆听专家们的专题发言，更幸运地是观摩了一节由 ××× 老师和她的三年级学生们带来的阅读教学公开课，受到很大启发。××× 老师针对文本内容进行的一系列提问引发学生不断地进行深层次的思考，培养学生的批判性思维，进而产出真实、自我而有意义、生动的语言表达。这些我都进行了借鉴学习，突然有一种茅塞顿开的感觉，并立即在自己的课堂中进行尝试运用。

（茉莉 - 反思日志 -01）

从上面的反思日志中我们可以看到聆听专家发言以及观摩公开课对茉莉阅读教学方法的影响。她在反思日志中用“茅塞顿开”来形容自己的变化。这次经历使得茉莉对如何进行有效提问、引发学生深层次思考、培养学生的批判性思维能力以及如何通过活动引导学生进行真实、自我而有意义、生动的语言表达等方面有了深入的理解。

（3）在与专家团队构建的外系统的互动中，小学英语教师对师生角色的认识发生了巨大的变化，例如：

我也进行了总结反思，与参与项目的各位老师交流了自己的心得体会，体会到“英语课堂教学应该是‘放风筝’，老师是放风筝的人，学生是可以自由飞翔在天空中的风筝，但线在老师的手中，老师起‘引导’作用。英语课堂教学不应该是教师自导自演学生为木偶的‘皮影戏’”。

（茉莉 - 反思日志 -01）

从上文的反思日志中我们可以看出，茉莉在参与项目的过程中，通过专家的指导，对师生角色有了深刻的认识，她用了“放风筝”和“皮影戏”来形容教师在教学中所扮演的不同的角色。教师不应成为自导自演、一直牵着学生演“皮影戏”的控制者，而应是“放风筝”的人，是可以让学生在天空中自由飞翔的引导者。

此外，研究者通过 Nvivo11 软件分析了 221 份小学英语教师调查问卷中开放性问题的节点覆盖率（如图 4.6 所示），发现小学英语教师在与专家团队构建的外系统的互动中，在英语课程设计方面对单元教学和注重文本解读两个内容有很深刻的理解，其中单元教学的节点覆盖率最高。在英语教学方法方面，对教学方法的宏观理念指导、多维度育人、教学实践的变化、关注学生和课堂模式的变化以及新型阅读教学方法等多个内容有深刻的理解，其中对教学方法的宏观理念指导这一节点的覆盖率最高。小学英语教师谈到在与专家团队构建的外系统的互动中，对教学方法需要不断革新、进行超越课本，关注实际语言交际的教学、明晰教学方向、基于英语学习活动观开展教学等方面有了更为深刻的理解。在英语教学评估方式方面，小学英语教师对教学效果可检测这一方面认识最为深入。在英语教学资源方面，对要善于运用教学资源这一内容体会最深。在师生角色方面，对教师角色、学生角色以及师生关系等内容有了更为深刻的理解，其中对教师角色的理解这一节点覆盖率最高，说明小学英语教师在与专家团队构建的外系统的互动中，在师生角色方面，对教师角色的理解认识最为深刻，小学英语教师深刻认识到了教师作为研究者的身份，认识到了教师要提升教师素质并且要增强教师使命感。

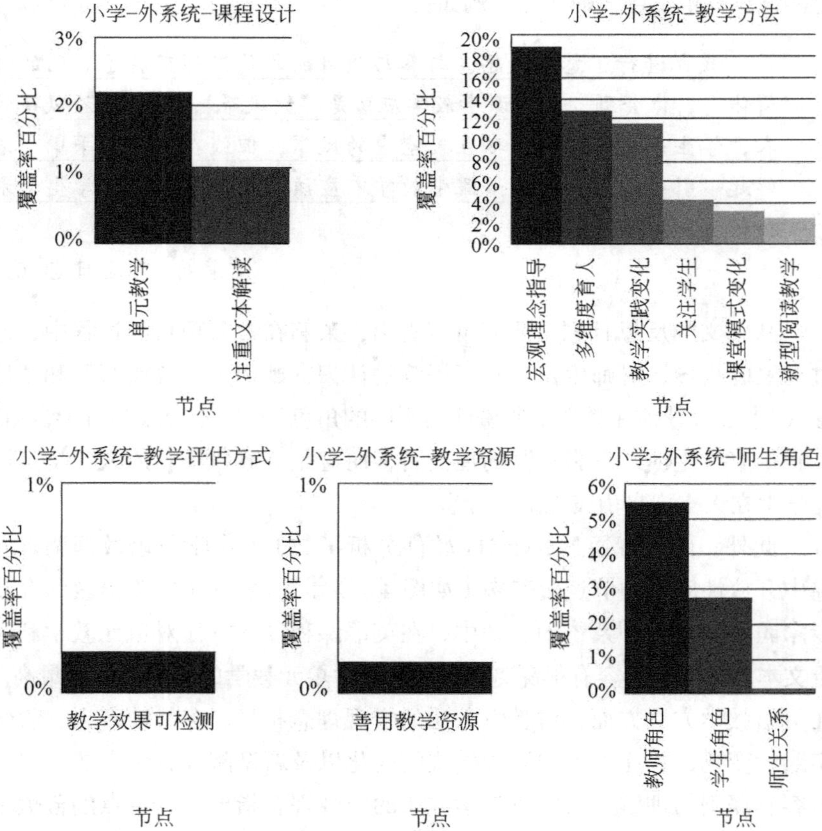

图 4.6 小学英语教师在与专家团队构建的外系统的互动中教师信念节点覆盖率示意图

4.2.2　初中英语教师信念发展特点

在与专家团队构建的外系统的互动中，初中英语教师对英语课程设计、教学方法、教学评估方式、教学资源以及师生角色的理解都发生了相应的变化。

（1）初中英语教师在与专家团队构建的外系统的互动，对英语课程设计理解的变化主要体现在对文本解读和学情分析的理解更加深入了，同时对探究主题意义有了更加清晰的认识。

> 我觉得可能这几年改变最大的就是上次和专家一起磨课的过程……以前我在设计一个课的时候，可能仅限于把这个课一些表层的信息拿出来给孩子们讲。但是上次，尤其是第一次去 xxx 大学说课……我那个时候觉得自己改变最大的应该在设计课的观念上，我应该是从文本解读入手，然后真正地去考虑我学生的学习困难。以前我们也做学情分析，但是那个时候的学情分析可能做得更表面一些，现在我会去真正思考一下，他学习的困难在哪，我通过什么样的方式能够让他真正对这个话题感兴趣。
>
> （牡丹 - 访谈 -04-05）

从上面的访谈片段中，我们可以看出，初中英语教师原来的教学设计更加关注表层信息的提取，通过与专家团队构建的外系统的互动，初中英语教师认识到教学设计需要关注文本，从文本解读入手，学情分析需要更加深入，并且她们开始从文本解读和学情分析出发来开展教学设计了。

> 在 2019 年下学期，我非常幸运地参加了 ××× 教学改进项目，也非常感谢 ××× 教授对我的指导与帮助。在 ××× 教授的指导下，我深刻理解了什么是主题意义探究，为什么要进行主题意义探究以及如何实现主题意义探究。我觉得主题意义应该包含两个层面。第一个层面是读者通过文本内容、文本结构语言，判断或者提炼出来的文本想表达的思想和精神；除此之外，还要挖掘该主题在社会语境下的实践意义。事实上，文本内容、语言和结构是我们可以直接获

取的。但是主题意义是需要读者判断和提炼出来的，具有一定的间接性、开放性和多元性。要实现语言意义探究的第一步就是让学生充分与文本对话、与他人对话、与自己对话，在积极互动中逐步建构起来。此外，主题意义的探究有别于话题和主题，更应该考虑其社会属性的实践意义和学生综合品质的培养。也正是中学生核心素养中强调的要培养学生用所学的知识、关键能力与必备品质，来解决陌生、复杂生活情境中的实际问题。

通过前两次试讲，虽然没有成功，但让我对文章主题定位也提升了一些认识。事实上，从个体阅读的角度，文本解读本身是十分的多元化与个性化的，可能我在阅读的过程中，就会想英国为啥要喝下午茶？是中午吃不饱，还是晚上吃的晚？英国人排队文化是怎么形成的？为什么车来了，不赶紧上，还不急不慌的？因此我们可以发现，不同阅读者会根据自己不同的生活经验和已有的认知结构，会生成不同的主题。但是在课堂这样的教育情境中，就需要教师一定要引导学生了解和体验适切的、更具有生命成长价值的主题，体现文本的“课程意义和教学意义”。所以，在这样的理解下，我还是心甘情愿地去掉了我原有的这两版教学设计。

同时我觉得探究本身是一个过程，要通过搜寻、调查、探究、检验信息等活动来开展。它是一个在活动中不断提问、修改和质疑的过程。它是一种主动思维、高阶思维的学习方式。我觉得探究的一个大的核心就是“自主发现和自主形成”，它具有一定的主观性和创造性。另外，绝对不能直接告诉学生“与教学目标相关的概念和策略”，而是创造一种认知和社会交往语境，让学生通过探索发现这些概念和策略。

（百合 - 反思日志 -04）

从上面的反思日志中我们可以看出百合在专家的指导下，对探究主题意义的含义、特点和途径有了更加深入的认识。她意识到探究主题意义需要对文本进行深入地分析，认为主题意义“具有一定的间接性、开放性和多元性”，认识到主题意义需要“在积极互动中逐步建构起来”。同时，她深刻反思了自己教学改进课的主题意义，意识到教师需要引导学生“了解和体验适切的、更具有生命成长价值的主题”。此外，她还认识到探究本身是“一个在活动中不断提问、修改和质疑的过程。它是一种主动思维、高阶思维的学习方式”，“具有一定的主观性和创造性”。教师应该创造语境，引导学生进行自主探究，而不是直接告诉学生内容。从中我们可以看出，初中英语教师在与专家团队构建的外系统的互动中，对英语课程设计理解的深刻认识。

（2）初中英语教师在与专家团队构建的外系统的互动中，对英语教学方法理解的变化主要体现在教学活动更加关注多样化和趣味性，问题设置更加注重层次性。

在教学方法上，现在更愿意去尝试一些不同的教学活动，在每一节课里面去尝试一个相对来说能让学生们非常感兴趣的一个活动。每次设计课的时候，我自己也会朝着这个方面去想一想。

（牡丹 - 访谈 -05）

从上面牡丹的访谈中我们可以看出，在与专家团队构建的外系统的互动中，初中英语教师对于教学活动的设计有了更多的思考，比如“愿意尝试不同的教学活动”以及“尝试能让学生非常感兴趣的活动”，从而说明她们更加关注教学活动的多样化和趣味性。

与专家探讨后，采用 Jigsaw Reading 这种阅读方式进行，同时辅以 problem-solving 任务驱动的形式激活了学生的参与性。

（牡丹 - 反思日志 -01）

从上面的反思日志中我们可以看出，牡丹在与专家的探讨交流中，尝试使用了 Jigsaw Reading 的阅读教学方式以及 problem-solving 的任务驱动形式，这也再次说明了在与专家团队构建的外系统的互动中，牡丹更加关注了教学活动的多样化。

……但当他们回归基础组讨论时，多数学生都觉得无从下手。在与专家探讨的过程中发现，试讲时设置的问题之间跨度大，无台阶，问题也过于笼统。一时间学生们无从下手。

于是在正式讲的过程中，我给各个问题间设置了梯度，搭建了台阶，问题指向更明确了，学生也乐于参与讨论了。

（牡丹 - 反思日志 -02）

通过上述反思日志，我们可以看出，在与专家团队构建的外系统的互动中，牡丹改变了原有问题设置跨度大、过于笼统的问题，通过设置有梯度、有层次的问题，使得问题目标更加明确，学生也能够更好地参与到问题的讨论过程之中。

（3）初中英语教师在与专家团队构建的外系统的互动中，对英语教学评估方式理解的变化主要体现在加深了对于教学评价重要性的认识以及教学评价具体操作方法和效果的理解。

我觉得评价是我这次学到特别特别多的，而且我觉得还挺好用的。原来我觉得是很麻烦的一件事，以前就凭感觉，平淡无奇，就好像大家也不会说什么评价的话，然后简单讲两句。我感觉好像本来也没有什么可说的，或者是不说啥了。但这次参加教学改进，有一个 action 就是表演的评价，然后包括做一个 poster 的评价。我觉得这几个评价过程当中，在做评价量表的时候，我才会深入的思考，在评价过程当中学生的核心要点是什么？但是这个核心概念，我觉得对学生引导就好了，你要学生去看，我们回来要从哪几个方面去评价学生，也知道它的核心要更重要，要点是什么。在学生使用语言的过程当中，他就会使得评价得体和完善，我觉得。

（百合 - 访谈 -05）

从上面的访谈片段中我们可以看出，在与专家团队构建的外系统的互动中，例如百合在参加一项教学改进项目的过程中，对教学评价的理解由以前的“一件麻烦事”“平淡无奇”“简单讲两句”变成了“挺好用的”“对评价量表有了深入的思考”，这体现了百合加深了对于教学评价方式重要性的认识。并且从“核心要点”“学生引导”以及“评价得体和完善”等话语中，我们也可以看出百合对于教学评价具体操作方法和效果有了更深入的理解。

此外，百合在反思日志中也谈到了专家的指导使她对英语教学评估方式有了更加清晰的认识：

通过专家的指导，我还收获了如何在综合性活动中实现教、学、评一体化，解决了我每次综合性活动中无法保证孩子全员参与、部分学生对要求不明晰和不知道衡量评价尺度的问题。我学到了评价量表就能很好的解决这个问题。这可以保证学生在学中做、在评价中进一步学习，发挥了评价的引导性、针对性、诊断性以及优化改进性！

（百合 - 反思日志 -04）

从上面的反思日志中，我们可以看出，在与专家团队构建的外系统的互动中，百合学会了使用评价量表来帮助自己解决教学中存在的评价问题，有效地落实了教、学、评一体化的理念，并且认识到了教学评价对学生英语学习的作用，深刻理解了教学评价的特性。

（4）初中英语教师在与专家团队构建的外系统的互动中，对英语教学资源理解的变化主要体现在能够有意识地去寻找与教材话题相关的补充资源了，并且补充资源的形式非常多样化。例如：

从那次说课之后，在备课的时候我就更倾向于去寻找大量的和话题相关的补充资源。如果课文本身我觉得可利用的价值不是很高，我也能够大胆地去补充一些课外的东西，无论是音频的、文字的，还是一些游戏方面的，都会加到这里面来。

（牡丹 - 访谈 -05）

从上面的访谈片段中我们可以看出，在与专家团队构建的外系统的互动中，例如牡丹在参加了集体说课之后，她“更倾向于去寻找大量的和话题相关的补充资源”，并且补充资源的形式非常多样化，有“音频的、文字的，……游戏方面的”，这体现了初中英语教师在与专家团队构建的外系统的互动中，对教学资源的理解发生了很大的变化。

并且，从下文牡丹的反思日志中我们也可以看出，在与专家团队构建的外系统的互动中，她对教学资源的理解发生了变化。她现在面对教学资源时，更加敢于采用批判的眼光，更注重为学生及时增补合适的教学资源，例如：

这次的磨课过程仿佛为我打开了一扇窗，让我看到了很多，思考了很多，进步了很多。作为一名走在改革路上的英语教师，我要更加努力提高专业素养，要有创新的决心，更要有探索的勇气。面对手中的教材或是语言材料，要敢于批判，及时增补适合的语篇材料。

（牡丹 - 反思日志 -02）

（5）初中英语教师在与专家团队构建的外系统的互动中，对师生角色理解的变化主要体现在意识到了以教师为中心的教学所存在的弊端，敢于放手让学生进行自主探究，由教师为主体变成了学生为主体。例如：

在这个教学改进过程当中我觉得给我最大的变化真的就是说，教与学这个过程，我觉得更深化了认知。就以前我在交流过程当中，我个人比较喜欢起主导意识，可能我会把我的方法说完了，把我的想法说完了，可能孩子们大多数都沿着我这种想法去走了，所以我的课堂上也真的是很少看到特别额外的东西。……这是我最大的变化，现在就是让学生完全自己去做，我觉得这是我原来很少做的。……如果按我以前的那种方法来讲的话，我觉得从教育信念来讲，就等于我主导这样的信念，让学生貌似也是在做个人知识建构，但实质上是非常有限的这种建构的时候，其实还是对孩子的思维发展，包括他的积极性，都是有影响的。

（百合 - 访谈 -05）

从上面的访谈片段中我们可以看出，在与专家团队构建的外系统的互动中，例如百合在参加教学改进项目的过程中，她对师生角色的认识由以前的“个人比较喜欢起主导意识，……我的想法说完了，可能孩子们大多数都沿着我这种想法去走了……”转变为现在“让学生完全自己去做”，从中体现了百合对师生角色的理解由教师为主体到学生为主体的转变。并且百合认识到了自己以前的这种以教师为中心的课堂存在着很大的弊端，例如“……很少看到特别额外的东西……让学生貌似也是在做个人知识建构，但实质上是非常有限的这种建构的时候，其实还是对孩子的思维发展，包括他的积极性，都是有影响的”，从中我们可以看出，在与专家团队构建的外系统的互动中，初中英语教师对师生角色的理解所发生的巨大变化。

与专家探讨后，……把课堂交给学生，让学生真正自主学习。

（牡丹 - 反思日志 -01）

从上面的反思日志中我们也可以看出，牡丹在与专家团队构建的外系统的互动中，对于把课堂还给学生、让学生进行自主学习有了更深入的理解。

此外，研究者通过 Nvivo11 软件分析了 1488 份初中英语教师调查问卷中开放性问题的节点覆盖率（如图 4.7 所示），发现初中英语教师在与专家团队构建的外系统的互动中，在英语课程设计方面对单元整体教学和教材处理（包括灵活处理教材、深入理解和挖掘教材、整合教材）等两个内容有很深刻的理解，其中单元整体教学的节点覆盖率最高。在英语教学方法方面，对教学理念、实现育人目标、教学设计的具体方法、以学定教、交流与互动方式、如何备课、如何实现教学效果、如何调动课堂气氛以及如何提升教学技能等多个内容有深刻的理解，其中教学理念这一节点的覆盖率最高。初中英语教师谈到在与专家团队构建的外系统的互动中，对基于英语学习活动观开展教学和无痕教学的落实与体现等内容有了更为深刻的理解。在英语教学评估方式方面，初中英语教师对评估方式、反拨作用和注重评价标准等内容有了更深的理解，其中评估方式这一节点的覆盖率最高。初中英语教师提到在与专家团队构建的外系统的互动中，对多元评价、过程性评价、教学评一体化、分层评价等内容有了更加深入的理解。在英语教学资源方面，对资源丰富、整合教学资源和资源共享等内容有了深入的理解，其中资源丰富这一节点的覆盖率最高。初中英语教师谈到他们可以利用多媒体和互联网等多种资源来开展教学。在师生角色方面，对学生角色、教师角色以及师生关系等内容有了更为深刻的理解，其中对学生角色的理解这一节点覆盖率最高，说明初中英语教师在与专家团队构建的外系统的互动中，在师生角色方面，对学生角色的理解认识最为深刻。初中英语教师深刻认识到了学生作为主角、主人和主体的角色地位。

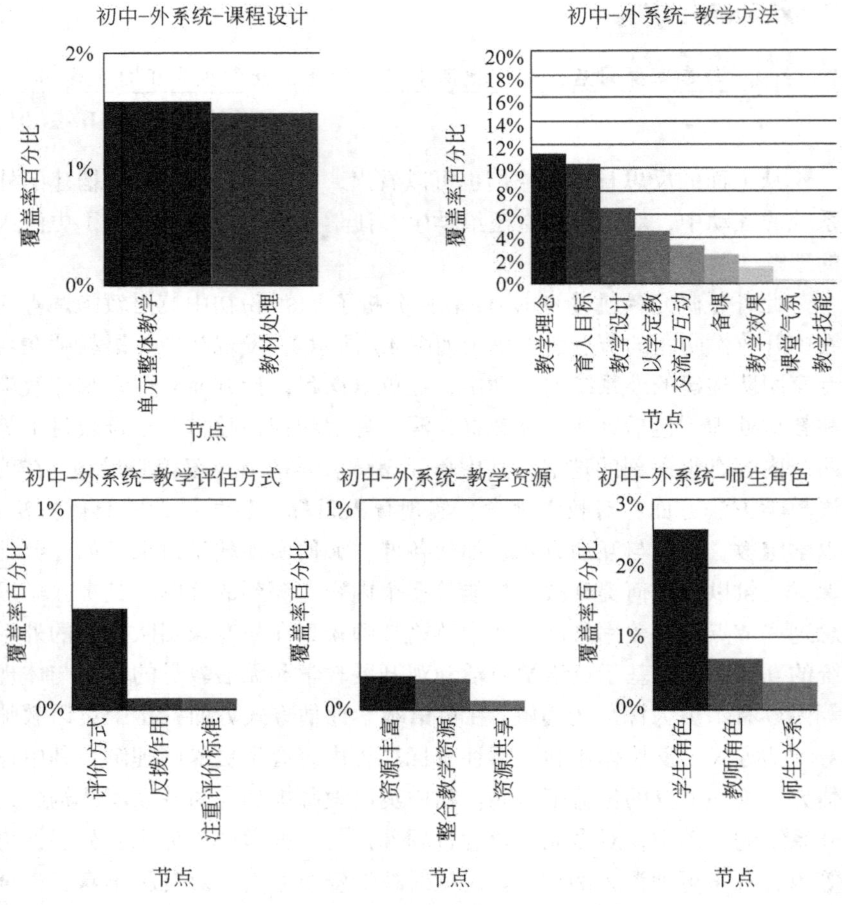

图 4.7　初中英语教师在与专家团队构建的外系统的互动中教师信念节点覆盖率示意图

4.2.3　高中英语教师信念发展特点

高中英语教师在与专家团队构建的外系统的互动中，其教师信念发展呈现出以下几个特点：

（1）在与专家团队构建的外系统的互动中，高中英语教师认为自己对英语课程设计的理解更加深入，从理念上提升了高度，特别是对文本分析和阅读教学设计有了更加全面的认识，例如：

在课堂设计方面也是，课程教学设计方面有很多方法，我们可能知道，但是可能把握的就不是特别准确，不是特别到位，但是就专家这时候就给我们引领了，包括指导的各方面都比较到位，是达到了一个高度。

（杜鹃 - 访谈 -05）

从上面的访谈片段中我们可以看出，在与专家团队构建的外系统的互动中，例如杜鹃所谈到的，专家的引领使得之前在英语课程设计中自己认为不太准确或者不够到位的地方变得比较到位了。也就是在专家的引领下，高中英语教师认为自己提升了对于英语课程设计的理解和认识，从理念上站位更高了。

此外，在与专家团队构建的外系统的互动中，高中英语教师认为自己对文本分析有了更加深入的理解，例如：

我觉得对我来说最大的一点改变是在文本分析上，特别是阅读这一方面，因为之前就是对于这个课程的文本没有任何分析……。但是经过专家的指导，包括我们这个项目的开展，其实觉得我好像明白了一些，包括文本的解读，从哪几个方面来看。

（玉兰 - 访谈 -06）

从上面的访谈片段中我们可以看出，通过专家的指导，玉兰在如何进行文本分析上发生了很大的改变。比如由一开始的“对于这个课程的文本没有任何分析”到现在的“明白了一些，包括文本的解读，从哪几个方面来看。”

××× 教授的点评总是一语切中要害，让我茅塞顿开，对我的教学能力提升和教学思想转变有着极大的影响。有的时候，总是感觉哪里不对，但是却想不出改进的方法，每当这个时候，××× 教授总能给我提供宝贵的建议。例如，在文本分析环节，总是觉得内容太多，未成体系，但总是抓不出一条主线，××× 教授的点拨让我一下就明白了问题所在。

（玉兰 - 反思日志 -01）

此外，玉兰在反思日志中也谈到专家的指导对她的教学能力提升和教学思想转变有着极大的影响。她提到自己在文本分析中遇到困难时，经过专家的点拨，就能一下子明白问题的所在。她用了“茅塞顿开”来形容专家指导带给自己的影响，从中体现了高中英语教师在与专家团队构建的外系统的互动中，其教学信念所发生的巨大变化。

> 课前文本的深入解读。虽然这次上课的篇目是一篇说明文，文字较为简单，但是我仍然认认真真地将文章读了几遍，仔细体会作者的写作意图、文章的主题意义。我一直在想，作者到底想让学生在这篇文章里获取到什么样的信息，读完之后要解决什么样的问题，在实际生活中有什么样的用处。这种想法是以前不太有的。摒弃表层化、碎片化的文本学习，更加关注文本的主题意义、文本所承载的情感态度和所要表达作者的意图，更加关注文本的语用功能，学生读完之后，如何在实际中得体地应用学会的知识和文化。
>
> （杜鹃 - 反思日志 -4-02）

该反思日志是杜鹃完成项目正式讲之后的反思，从中我们可以看出，杜鹃对于文本分析有了更加深入的理解，并且她也谈到了自己在文本解读上面的变化，比如“作者到底想让学生在这篇文章里获取到什么样的信息，读完之后要解决什么样的问题，在实际生活中有什么样的用处。这种想法是以前不太有的。”同时，杜鹃对于关注文本的主题意义、文本所传递的情感态度以及文本的语用功能等有了更深入的理解。

> 静下心来，慢慢回想几位专家的评课，对照自己的教学设计和平时教学，不难看出症结不仅仅反映出具体教学设计的问题，更反映出自身教学理念的偏差：（1）首先要明白阅读教学是什么。阅读是读者利用自己的语言体验和思维能力去感知、理解文本，并与作者交流思想的过程。在这个过程中，读者了解了作者的思想，提升了自己的人生与成长。那么阅读教学的根本就是引导学生知道文本在说什么，文本的主线是什么。只有在了解文本的基础上才能设计各种理解活动，帮助学生去探求作者内心深处的思想，达到提升的目的。对于文学作品的理解，不论什么形式的文学作品，其阅读的

本质不会发生改变。要明确教学的目的是解决问题。（2）阅读教学要整进整出。学生从整体阅读的基础上来捋顺文本的主线。教学活动都要围绕文本主线来进行设计和实施。先前的教学设计，正如专家们所提，被教师人为地进行了解剖，分割成小块进行详细地演示讲解，而淡化了诗歌鉴赏的共有维度和方法。学生得到的是小块的、零碎的知识，构建不了整体的知识结构。（3）阅读教学的起始环节是对教学目标的设定。教学目标的设定除了要紧扣文本，更不能脱离学情。在进行学情分析时，要兼顾学生的心智特点、认知特点和已有认知水平。（4）教学活动的设计要体现层次性，按照理解的程度来设计不同层级的教学活动，每种活动要培养学生不同层级的能力，从低到高，从表层信息的提取到深层思维能力的提升。要在设计的活动中给学生时间去内化所学的知识，给学生时间和空间去迁移情景，小步子滚动，不急不躁，学一步落实一步，学一点落实一点。

（杜鹃 - 反思日志 -1-01-02）

教学步骤的设计要基于学生已知，只有接地气，贴近于学生的实际情况和能力，学生才能有较好的反应。这就要求教师要了解学生的知识背景。我虽然向语文老师了解了语文课堂诗歌鉴赏的步骤和方法，却忽略了在这个过程中学生的接受程度和学生将中文知识转换成英文表达的能力。因此，在授课初期，“What is poem?”这个问题提出之后，学生冷场，因为学生不知道该如何入手将这个抽象的问题具体化并用英文表达出来。学生非常了解中文诗歌，在语文的课堂上，学生也能够在已形成的中文诗歌鉴赏的框架下，自主地去理解诗歌，那么要设计哪些活动来调动起学生已有的知识，自然地引入到学习的过程中就尤为重要。

（杜鹃 - 反思日志 -2-02）

从上面的反思日志中我们可以看出，杜鹃在听完专家的评课后，对阅读教学设计有了更深入的理解。她认识到阅读教学要引导学生关注文本的意义，明确文本的主线。同时她认识到阅读教学要整进整出，教师要帮助学生建构结构化知识。在阅读教学设计中要进行深入的学情分析，制定清晰的教学目标。阅读教学活动的设计要具有层次性，通过不同层次的活动设计，引导学生逐步从表层信息的提取到深层思维能力的提升，要给予学生充分的时间和空间来内化所学的知识，并且需要设计能够迁移到真实生活情境之中的活动。此外，杜鹃认识到活动的设计一定要基于学生已有的知识和经验，通过设计能够调动学生已有知识和经验的活动来将学生自然引入到主题情境之中。

（2）在与专家团队构建的外系统的互动中，高中英语教师对改变传统英语教学方法的认识有了更加深入的思考，并且开始在自己的教学中尝试使用新的教学方法，同时对小组活动的意义有了更深入的理解，例如：

> 专家们的指导对我来说影响是非常大的。包括我觉得对我们学校的整体来说，教学思路的探讨也是产生了非常大的影响。包括在这个项目实施之前，我觉得我们学校整体的教学方式都是非常传统的，特别传统，上课老师一直讲、自己画、一直写，然后下课学生一直做题，完全都是这种模式。那么在这种环境下，如果只出现一个或者个别老师有别的方法的话，其实是不会被接受的。但是经过专家们对我们进行一些指导，包括对于这些课程标准，还有这些文本分析的内容进行一些讲解，我觉得大多数老师他们是听进去了的……
>
> （玉兰 - 访谈 -06）

从上面的访谈片段中我们可以看出，在与专家团队构建的外系统的互动中，高中英语教师本人及其所在学校的其他老师在专家的指导下，开始思考改变传统的英语教学方法了。正如玉兰所谈到的，在传统的教学模式下，如果只有个别的老师提出改变，使用别的教学方法，可能不会被接受；但是在专家的指导下，大多数老师是把新的教学理念听进去了的，也就是接受了这些新的教学理念的。从中我们可以看出专家团队构建的外系统对教师英语教学方法理解转变所起到的重要作用。

> 在教学改进的过程中，××教授提出可以使用 jigsaw reading 的方法。我们就用了这种新的方法。我们就把 jigsaw reading 简化，换成另外一种形式的。我们可能不是在交换，不是在整体上完全地

jigsaw，我们可能只是交换一部分，然后让学生来，包括我们后来又加了老师，就学生在产出的时候，老师在旁边做板书，做了一个非常大的板书。

（杜鹃 - 访谈 -05）

上面的访谈片段说明，在与专家团队构建的外系统的互动中，高中英语教师在专家的引领下，开始尝试使用了新的教学方法，从中我们也可以看出专家团队构建的外系统对高中英语教师英语教学方法的影响。

通过两次试讲之后与专家的交流，让我明确了小组活动的意义。小组活动并不在于是形式上有多高大上，而是要注重效果，是否能够充分地调动起学生学习的积极性，是否符合并深刻理解文章的主题意义，是否能够让学生突破表层化、碎片化的学习现状，构建完整的知识体系，并能培养和锻炼学生思维能力的发展。

（杜鹃 - 反思日志 -3-02）

从上面的反思日志中我们可以看出，在与专家团队构建的外系统的互动中，杜鹃对小组活动的意义有了更深入的理解。她认识到小组活动不能流于形式，要注重活动的效果，关注小组活动是否能够围绕主题意义展开，是否能调动学生参与的积极性，是否能帮助学生构建完整的知识体系，以及是否能培养和锻炼学生的思维能力。

（3）在与专家团队构建的外系统的互动中，高中英语教师对英语教学评估方式的理解也发生了改变，例如：

还有每次思维导图完了之后，我们要评价，让学生来评价，你觉得哪个导图做得好，你为什么喜欢它。然后还有评价你喜欢中国诗歌，还是喜欢英国的诗歌，你觉得哪个 imitator 的这种形象对你来说表现得更加清楚明白等等这样的，会通过这样的一点一点的（与专家）的磨合，就把这个东西一点一点做出来。

（杜鹃 - 访谈 -05）

从上面的访谈片段中我们可以看出，高中英语教师认为在与专家团队构建的外系统的互动中，比如杜鹃老师所谈到的，与专家一点一点的磨合中，把如何开展课堂教学评价弄清楚了，从中也体现了专家团队构建的外系统对高中英语教师英语教学评估方式理解所产生的具体影响。

在小组展示过程中，也应该鼓励不同组学生去阐述自己的观点，评价他人的看法，实际上，这也是学生内化知识不可缺少的一部分。

（杜鹃 - 反思日志 -3-02）

从上面的反思日志中我们也可以看出，杜鹃认识到了小组互评对于学生内化知识的重要性。

（4）在与专家团队构建的外系统的互动中，高中英语教师对师生角色理解的变化主要体现在对教师的引导作用以及敢于放手、给予学生更多的机会，以学生为主体，把课堂还给学生的理念更加深入了。例如：

包括当学生不能够完成某些我们设定的问题的时候，以前我们都觉得怎么理解不了，好像我们能理解，那么他们不能理解，到了这里就卡住了，都不知道该怎么做。相当于我感觉没有中间过渡。比如说这个问题很有难度，可能是涉及到深层次的理解，那么学生没达到这个水平，我们就没有别的办法，我们就告诉他，就变成了那种老师为主导的那种模式。但是经过专家指导之后，我就觉得可能是因为给学生的东西不够，他们不知道通过一个什么样的抓手，或者什么样的别的方法，能够达到他们所要求的新的事情的理解，我觉得中间教师如何进行指导这一方面我是更加清晰了。

……包括现在我们上课的过程中也是希望能够在可能的条件下，让学生更多地来做很多事情，让他们去分析，他们去读去写，这些也是一个非常大的改变。

（玉兰 - 访谈 -07）

从上面的访谈片段中我们可以看出，在与专家团队构建的外系统的互动中，玉兰转变了对师生角色的理解，由以前在遇到学生无法回答教师提出的问题，转向教师来告诉学生。教师为主体的这种教学模式转变为开始分析学生无法回答教师所提出的问题的原因，寻找教学支架，引导学生去思考，用英语做事情，即以学生为主体的教学模式之中。

我们之前可能会觉得好像学生从来没有做过很多东西，就包括自己探索或者是自己来解决一些问题，我们就会认为因为学生可能业务水平不是那么好，那么他们好像没法完成这些任务，就会导致自动地把这一方面设定为老师需要来做的，就没有给学生这种机会。但是通过专家们的指导，我们就觉得学生就在一定的帮助、一定的条件下是完全可以自己来做的。然后我们后面的设计中也是给了学生一些这种自己参与活动、自己来进行展示的机会，其实发现学生还是可以做到的。有很多学生是做得很好的，这给了我们很多信心。我们相信学生是完全可以通过一些准确的指导，还有一些不断的练习，实现我们所说的培养他们很多深层次的理解，或者是一些多方面的能力这种目标的。

（玉兰 - 访谈 -08）

上述访谈片段展现了玉兰由一开始没有给学生机会到经过专家的指导，引导学生参与活动，提供学生展示机会并看到了学生的进步的整个过程，并且在这个过程中，对于玉兰这样的新手教师来说，增强了她的信心，坚定了她的教学信念，并且更加深了她对师生角色的理解，即要敢于放手，给予学生更多的机会，这样也可以培养学生的深层次理解和多方面能力。

此外，玉兰在反思日志中也谈到了经过专家的指导，自己认识到了教师引导作用以及发挥好脚手架（scaffolding）作用的重要性，例如：

当我提出问题 How to evaluate a continuation of a story? 时，学生感觉摸不着头脑，不知道说什么，这让我很苦恼，既不能直接告诉学生，也不能通过小组讨论得出评价标准，这怎么办呢？这时候，×××教授又给我了一个非常好的想法，学生做不出来的时候，就给学生一个 demo，找一份作品，以此为例，引导学生分析，如何对一篇小说类的故事写作进行点评。教师的引导起着至关重要的作用。我们经常困惑于学生为什么写不出来，却没有从自身反思指导是否到位。当需要完成的任务对于能力要求和学生目前所处的能力水平差距过大时，教师一定要提供合适的 scaffolding，让学生能够通过这个支架支撑到达下一个认知层次。

（玉兰 - 反思日志 -01）

从上面的反思日志中我们可以看出，专家的指导帮助玉兰解决了教学中自己给出指令后学生无法完成活动的困难。这一事件也使得玉兰认识到教师在教学中给学生做好示范、实时地搭建好语言支撑、提供好脚手架、发挥好教学中引导作用的重要性。

这个师生角色方面的影响很多啊，你比如说像我记得当时专家经常说的是要少说话，要把课堂还给学生。

（杜鹃 - 访谈 -05）

从访谈杜鹃的片段中我们可以看出，专家给出的建议“要少说话，要把课堂还给学生”使她对师生角色有了更加深入的理解。

在活动中，学生应该是主体，充分发挥学生的主动性、自学性等学习策略，让学生自己去探索文本中关键点，找到学习的兴趣点，提高学生的学习能力。

（杜鹃 - 反思日志 -1-02）

英语教学过程不是教师的个人秀场，而应该是教师帮助和引导学生“用英语来解决问题”的过程。

（杜鹃 - 反思日志 -2-02）

教学由“为了教而教”变为“为了学生解决问题而学”，教学的主体发生了变化。

（杜鹃 - 反思日志 -4-03）

从杜鹃的反思日志中我们也可以看出，她认识到学生应该发挥主体作用，教师要发挥好引导作用。教师需要给予学生机会，让学生主动探究，自主学习，从而提高学生的学习能力。同时她认识到教学的主体应该由“为了教而教”变为“为了学生解决问题而学”。

通过本次的项目式教学改进活动，我真正地明白了如何把课堂还给学生，也相信他们有无限的潜能。作为一名老师，应该为他们创造发展核心素养的机会，展示能力的舞台。

（玉兰 - 反思日志 -01）

从玉兰的反思日志中我们也可以看出，通过参与专家指导的教学改进活动，玉兰认识到了需要“把课堂还给学生”，要相信学生“无限的潜能”，提供给学生“展示能力的舞台”。

上述访谈和反思日志也体现了在与专家团队构建的外系统的互动中，高中英语教师对师生角色的深刻认识。

此外，研究者通过 Nvivo11 软件分析了 371 份高中英语教师调查问卷中开放性问题的节点覆盖率（如图 4.8 所示），发现高中英语教师在与专家团队构建的外系统的互动中，在英语课程设计方面对课程设计的落实贴近高中英语新课标、单元教学和课程设置多元化等内容有了很深刻的理解。其中课程设计的落实贴近高中英语新课标这一节点覆盖率最高，说明高中英语教师在与专家团队构建的外系统的互动中，在英语课程设计方面，对课程设计的落实贴近高中英语新课标的理解认识最为深刻。在英语教学方法方面，对教学理念、教学设计具体方法、关注学生、实现育人理念、培养学生能力、关注教学方法、提升反思能力、落实教学目标等多个内容有了更深入的认识，其中教学理念这一节点的覆盖率最高。高中英语教师谈到，在与专家团队构建的外系统的互动中，他们改变了传统的授课模式，加深了对教学的认识，教学方向更加明晰，更加关注理论与实践相结合，尝试采用先进的教学理念及方法，注重学生语用能力的培养。在英语教学评估方式方面，高中英语教师对开展形成性评价、实现教学评一体化以及评价多样化等内容有了更深刻的认识，其中开展形成性评价和实现教学评一体化的节点覆盖率最高，说明高中英语教师在与专家团队构建的外系统的互动中，深刻认识到了形成性评价的重要性，并且认识到了在教学中落实教学评一体化的重要价值。在英语教学资源方面，高中英语教师对资源使用方式和资源丰富等内容体会最深，这两个方面的节点覆盖率最高。高中英语教师谈到在与专家团队构建的外系统的互动中，对多模态教学材料的使用、利用资源拓展课堂、资源的选择以及整合等多个内容有了更加深入的理解。在师生角色方面，对学生角色、教师角色以及师生关系等内容有了更为深刻的理解，其中对学生角色的理解节点覆盖率最高。高中英语教师谈到，在与专家团队构建的外系统的互动中，更加深入地认识到了学生作为主人和主体的角色与地位。

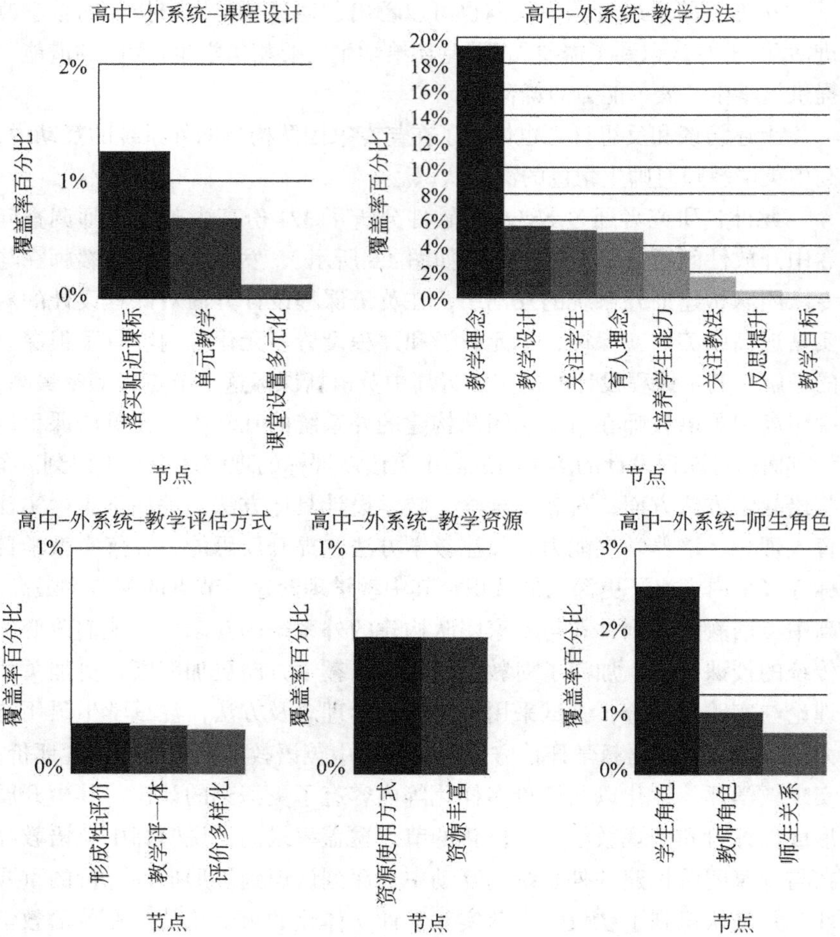

图 4.8 高中英语教师在与专家团队构建的外系统的互动中教师信念节点覆盖率示意图

4.2.4 中小学英语教师在与专家团队构建的外系统的互动中教师信念发展总体情况

从整体来看，中小学英语教师认为在与专家团队构建的外系统的互动中，他们对英语教学评估方式的理解变化最小，对英语教学方法的理解变化最大。

具体而言，小学英语教师在与专家团队构建的外系统的互动中，对单元教学的理解更加深入；对专家团队构建的外系统所给予的教学方法方面的宏观理念指导体会最为深刻；对教学方法的理解有了明显的改变，特别是在创造情境让学生进行真实的、有意义的交流，以及放手给学生更多的机会，让学生参与小组合作等方面有了更加深入的理解；对持续默读（SSR）和合作拼图（Jigsaw Reading）等阅读教学方法有了深刻的认识，并且对阅读教学目标的认识发生了巨大的变化；对教学效果可检测这一方面认识最为深刻；对要善于运用教学资源这一内容体会最深；对师生角色有了深刻的认识，认识到教师应是“放风筝”的人，可以让学生在天空中自由飞翔的引导者；认识到了教师作为研究者的身份，以及教师要不断提升教师素质，增强教师使命感。

初中英语教师在与专家团队构建的外系统的互动中，对文本解读和学情分析的理解更加深入；对单元整体教学以及探究主题意义有了深刻的认识；对基于英语学习活动观开展教学和无痕教学的落实与体现等内容有了更为深刻的理解，认识到教学活动需要更加关注多样化和趣味性，问题设置需要更加注重层次性，加深了对于教学评价重要性的认识以及教学评价具体操作方法和效果的认识；对多元评价、过程性评价、教学评一体化、分层评价等内容有了更加深入的理解；对利用多媒体和互联网等多种资源来开展教学有了深刻的认识，能够有意识地去寻找与教材话题相关的补充资源，并且补充资源的形式更加多样化；意识到了以教师为中心的教学所存在的弊端，敢于放手让学生进行自主探究，认识到了学生作为主角、主人和主体的角色地位。

高中英语教师在与专家团队构建的外系统的互动中，对英语课程设计的理解更加深入，从理念上提升了高度，特别是对文本分析和阅读教学设计有了更加全面的认识；对课程设计的落实贴近高中英语新课标有了更深刻的理解；对改变传统英语教学方法的认识有了更加深入的思考；对小组活动的意义有了更深入的理解，加深了对教学的认识，教学方向更加明晰，更加关注理论与实践相结合，开始尝试采用先进的教学理念及方法，注重学生语用能力的培养；认识到了小组互评对于学生内化知识的重要性，认识到了形成性评价的重要性以及在教学中落实教学评一体化的重要价值；对多模态教学材料的使用、利用资源拓展课堂、资源的选择以及整合等内容有了更加深入的理解；对教师的引导作用、发挥好脚手架（scaffolding）作用的重要性以及敢于放手，给予学生更多的机会，把课堂还给学生的理念更加深入了，更加认识到了学生作为主人和主体的角色和地位。

4.3 中小学英语教师在与校内教研组构建的中间系统的互动中教师信念发展特点

表 4.3 和图 4.9 呈现了中小学英语教师在与校内教研组构建的中间系统的互动中其教师信念的发展情况。

表 4.3 各类教师在与校内教研组构建的中间系统的互动中教师信念发展情况

所教学段	对英语课程设计的理解	对英语教学方法的理解	对英语教学评估方式的理解	对英语教学资源的理解	对师生角色的理解
小学	3.69	3.72	3.62	3.69	3.67
初中	3.7	3.71	3.67	3.69	3.72
高中	3.55	3.54	3.51	3.59	3.54
总计	3.67	3.68	3.64	3.67	3.68

从整体来看，中小学英语教师认为在与校内教研组构建的中间系统的互动中，他们对英语教学评估方式的理解变化最小，对英语教学方法的理解和对师生角色的理解变化最大。其中，小学英语教师认为，他们对英语教学方法的理解变化最大；初中英语教师认为，他们对师生角色的理解变化最大；高中英语教师认为，他们对英语教学资源的理解变化最大。从上述结果我们可以看出，校内教研组构建的中间系统对于中小学英语教师对英语教学方法的理解和对师生角色的理解的重要影响。

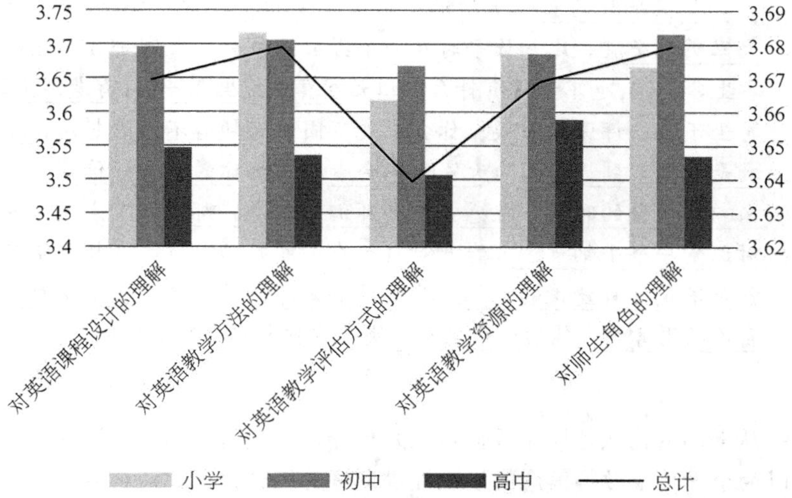

图 4.9　各类教师在与校内教研组构建的中间系统的互动中教师信念发展情况

4.3.1　小学英语教师信念发展特点

在与校内教研组构建的中间系统的互动中，小学英语教师认识到了教研组成员之间的相互示范作用非常重要，并且教研组成员之间的相互听、评课为改变小学英语教师对教学方法的理解提供了机会。此外，小学英语教师对教学方法理解的改变主要体现在对如何进行有效的课堂提问有了更加深入的理解，例如：

> （教研组）在实施教学过程当中，老师的示范作用肯定也蛮重要的。教师的信念里面，老师自己一定要作为榜样，你会怎么做，他可能会做得比你更好，所以自己要足够地好。
>
> （水仙 - 访谈 -06）

从上面的访谈片段中我们可以看出，小学英语教师认识到在与校内教研组构建的中间系统的互动中，相互之间可以起到榜样作用，这种良性的竞争关系有助于小学英语教师信念的不断发展。

其实平常的教研活动形式是比较多的。有听、评课，观摩课，大家听课交流。比如你平时在一个办公室办公，大家都各忙各的或各上各的课，也不觉得有什么。但大家真正都坐在一块，有老师上课，再坐下来去评课的时候，你会发现不同的老师有不同的想法，平时真是感觉不到，是因为大家也不会专门根据你的课去评价你。有这么一个机会的时候，就感觉是老师们的想法，哪怕一丁点的，或是对课堂一个小细节，可能就对自己有一些触动。有的老师平常可能就是不是那种爱说的，但是其实每个老师面对教学多多少少都会有自己的思考的，然后大家坐在一块去聊肯定就会有些碰撞。

（茉莉 - 访谈 -04）

从上面的访谈片段中我们可以发现，校内教研组的听、评课等活动可以为小学英语教师信念的发展提供良好的机会，正如茉莉老师所谈到的，"但大家真正都坐在一块，有老师上课，再坐下来去评课的时候，你会发现不同的老师有不同的想法，平时真是感觉不到，是因为大家也不会专门根据你的课去评价你。"正是有了这样的机会，在这种相互交流和碰撞的过程中，小学英语教师对教学有了更多的思考，也促使他们的信念随之会发生转变。

之前有一次我讲课，因为现在不是有时候也会想，怎么让学生更多地去表达么，我们想通过提问，问题驱动。接下来我就设计了很多问题，就一直在问，然后好像走过了，有时候就是矫枉过正。然后我们教研组的老师就跟我说，你一直在问，学生有没有真正的去思考这个问题，去表达。不是说你来回去问，一直逼着他去回答。对吧？其实你这个提问不用太频繁，问题也可以适当地减少，然后让学生之间也来多聊聊这个事儿。虽然说我们想通过问题驱动来刺激学生来表达，但是你问得太多，好像学生也没能静下心去思考这个事儿。我觉得当时老师说的这一点对我也是一个提醒。

（茉莉 - 访谈 -04）

在上面的访谈片段中，茉莉老师在与校内教研组构建的中间系统的互动中，对如何在课堂中进行有效提问有了更深刻的理解，从中我们可以看出，小学英语教师在与校内教研组构建的中间系统的互动中，其对英语教学方法的理解所发生的变化。

此外，研究者通过 Nvivo11 软件分析了 221 份小学英语教师调查问卷中开放性问题的节点覆盖率（如图 4.10 所示），发现小学英语教师在与校内教研组构建的中间系统的互动中，在英语课程设计方面对单元教学、文本分析、从多个角度和方面引导学生学习单元话题、课堂中各个环节如何过渡以及教学目标需明确等内容有了很深刻的理解。其中单元教学这一节点覆盖率最高，说明小学英语教师在与校内教研组构建的中间系统的互动中，在英语课程设计方面，对单元教学的理解认识最为深刻。在英语教学方法方面，对教学方法创新发展、关注学生、基于教学设计实施具体教学方法、设定具体的培养目标、互动方式以及基于教学理念采取相应的教学方法等多个内容有了更深入的认识，其中教学方法创新发展这一节点的覆盖率最高。小学英语教师谈到，在与校内教研组构建的中间系统的互动中，他们认识到了教学方法创新发展的重要性，认识到了要不断开拓教学思路，教学方法要与时俱进，通过教师之间的合作交流，在教学中做到理论与实践相结合。在英语教学评估方式方面，小学英语教师对开展形成性评价、否定唯分数论、教学评价方式发生的巨大变化等内容有了更深刻的认识，其中开展形成性评价的节点覆盖率最高，说明小学英语教师在与校内教研组构建的中间系统的互动中，深刻认识到了形成性评价的重要性。在英语教学资源方面，小学英语教师对善于运用多媒体、资源链接、市区与城乡的资源差异、给学生提供多渠道的英语学习资源等内容有了深刻的认识，其中善于运用多媒体的节点覆盖率最高。在师生角色方面，对教师角色、学生角色以及师生关系等内容有了更为深刻的理解，其中对教师角色的理解节点覆盖率最高。小学英语教师谈到，在与校内教研组构建的中间系统的互动中，加深了对于教师教学反思和提升教师专业发展水平的认识，认识到教师要作为研究者，不断提升自己的研究意识。

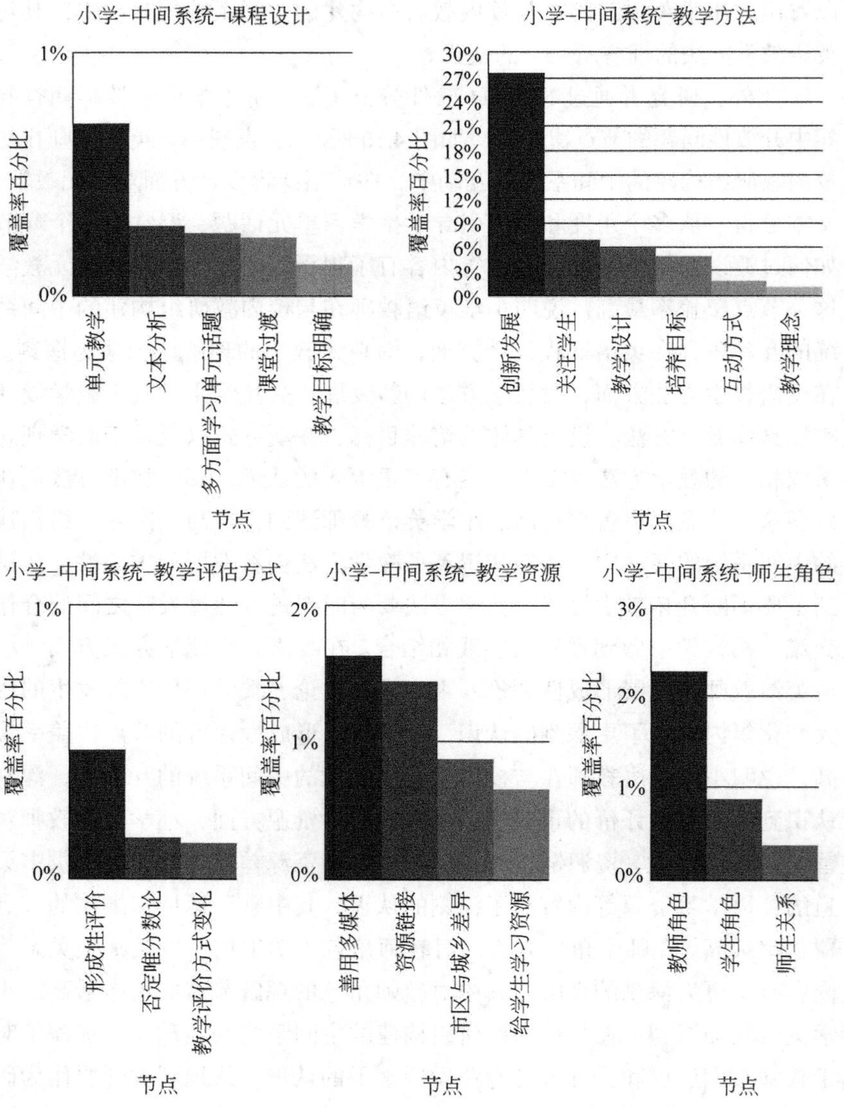

图 4.10 小学英语教师在与校内教研组构建的中间系统的互动中教师信念节点覆盖率示意图

4.3.2　初中英语教师信念发展特点

在与校内教研组构建的中间系统的互动中，初中英语教师信念发展的特点主要体现在以下几个方面：

（1）在英语课程设计方面，初中英语教师加深了基于文本解读开展教学设计的认识，同时对于基于情境进行导入有了更深入的理解。在英语教学方法方面，初中英语教师更加注重学生课堂的生成，并且更加重视课外阅读，尝试使用阅读圈（Reading Circles）这一新的教学方法，例如：

> 上个学期我们组有一个老师做了一节公开课，是关于交通方式的。这个课是我和我们组的另外一个老师和他一起备的，大概前前后后一起备了有四五次这样。……我们发现这个情境的导入，让这个课上起来的趣味性更强，而且它能够和这个话题紧密相关……。我就觉得当时我们在做文本解读的时候，植入这个情境也是考虑作者为什么要写这样一篇文章，我们读完这篇文章，带给学生的思考是什么，当时我们是从这两个角度来植入的话题。后来又设计了相应的输出活动。上完一节课之后，大家都觉得这节课上的挺好的，孩子们非常感兴趣，最后的生成也非常好，这节课的教学目标也都达成了。……我就觉得在整个参与备课的过程中，自己在文本解读方面，在教学方法以及最后检验孩子这节课是否生成方面，其实还是有一定的创新和一些新的尝试的。

（牡丹 - 访谈 -06）

从上面的访谈片段中我们可以看出，牡丹在与同事一起准备公开课的过程中，能够基于文本解读来进行相应的教学设计，例如她谈到，从文本解读的 what，即作者为什么要写这篇文章以及读者读完这篇文章之后，会引发什么思考这样的角度来进行教学设计。此外，牡丹对于如何基于情境进行导入有了更深刻的理解，例如她谈到，基于情境的导入要具有趣味性，并且与话题紧密相关。以上两点体现了初中英语教师在与校内教研组构建的中间系统的互动中，其对英语课程设计的理解发生了巨大的改变。

同时我们发现，牡丹在与同事共同备课的过程中，更加注重学生课堂的生成，例如设计了相应的输出活动，从中也体现了初中英语教师在与校内教研组构建的中间系统的互动中，其对英语教学方法的理解所发生的变化。

我就举个例子。原来我们学校高中有个老师，……我觉得对我影响挺大的。他特别喜欢这种文学类的原文阅读，就领他的学生，除讲解课本外，大量地都是在读这个原文阅读，大篇幅地去读一些课外拓展的东西。他会让学生读这种学生读物，读完了就做这种自主导图，然后去介绍，介绍完了就在学生当中让学生讨论角色，然后也去演。就类似我们原来那种泛读的教学思路。但是他最可贵的是，他让每个学生去写，去做词汇的 connector 什么的，包括生活的人文史地，实际他就会让学生每天大量地读，大量地写，然后学生就会，就是有 connection 部分，……对对对，就是阅读圈的方式。当时我觉得我特别受感动，受影响比较大。他不是说我做阅读圈的时候才做，他是天天做，他是坚持天天读天天做，……就这样。然后他在他们那个班一直坚持。开始的时候，每天都是小组那种，下面有阅读圈的。开始的时候可能学生都有点不太接受，觉得太麻烦，觉得这不讲课或怎么着的，感觉总讲这个好像抓不到什么东西似的。但是其实我长时间跟他那个班，他们那个班整体英语水平没有低。然后第二点，孩子的表达能力我觉得越来越强。而且我还记得他那个 connector，可能孩子在表达过程中还是有好多的语法错误。它的一个亮点就是他把学生表达得比较好的地方都划下来了。语法他是很少改的。所以说，在这个过程当中，孩子就越写越多，越写越好，还越写越长。我从他的身上看到，他比较执着，我觉得他能坚持做下去。他每天都在坚持不放，坚持不懈这种感觉，他这点还是挺影响我的。

以前我觉得对这种课外阅读的重视度我是不太够的，原来我们每周上一两节，就完了，领大家读一读。后来我也按那个老师的方式这样做，我觉得还是有效果的，挺好的，还不错，我觉得还是应该坚持。

（百合 - 访谈 -06-08）

从以上的访谈片段中我们可以看到，百合受到同事坚持开展课外阅读教学的影响，加深了对于学生课外阅读的重视，并且也开始尝试使用阅读圈这一新的教学方法。这也体现了在与校内教研组构建的中间系统的互动中，初中英语教师对英语教学方法的理解所发生的巨大变化。

（3）在英语教学评估方式方面，初中英语教师更加关注对于学生课堂学习效果的检测，例如：

我也听一些老师的课，我觉得学生的这种参与度和达成度在英语课堂上真的是挺大的问题。有些孩子，你也不知道他这堂课听了没有，下两堂课听没听，上堂课听没听，反正你要他画，他可能有时候也画，他也做，他也没什么反应，然后也没有回答问题。……老师在讲课的过程当中，就好多孩子根本没在看，然后他就会玩……其实整个过程当中，因为你是旁观者清了，你在那自己琢磨就已经看明白了。我觉得反正对我还是有影响的。现在，每次我就这几个大问题，我设置下来以后，每个小问题就可能要让两个人或者几个人小组合作，你说完，我说你的观点，最后再抽几个孩子在这里再检测一下。这部分当中我是有意识地，一定要保持参与度，然后还有达成度。最后很有必要地让学生再文字总结一下。

（百合 - 访谈 -08-09）

从以上的访谈片段中我们可以看出，百合通过看其他老师的课，发现了学生课堂参与度和达成度问题，于是对自己的教学进行了反思，并且在自己的教学中尝试使用了小组合作互评、全班评价以及学生概况总结等多种方式来检测学生的课堂学习效果，从中体现了与校内教研组构建的中间系统的互动对于初中英语教师对英语教学评估方式的理解所产生的重要影响。

此外，研究者通过 Nvivo11 软件分析了 1488 份初中英语教师调查问卷中开放性问题的节点覆盖率（如图 4.11 所示），发现初中英语教师在与校内教研组构建的中间系统的互动中，在英语课程设计方面对单元整体教学、备课方式上根据整个学期的计划来开展英语课程设计、深挖教材和整合教材等教材的处理等内容有了很深刻的理解。其中单元整体教学这一节点覆盖率最高，说明初中英语教师在与校内教研组构建的中间系统的互动中，在英语课程设计方面，对单元整体教学的理解认识最为深刻。在英语教学方法方面，对创新提升教学方法、基于教学设计实施具体教学方法、关注学生、体现育人理念、体现教学理念、以学定教、注重学生语言知识与技能的培养、关注阅读教学的方法等多个内容有了更深入的认识，其中创新提升教学方法这一节点的覆盖率最高。初中英语教师谈到，在与校内教研组构建的中间系统的互动中，他们认识到了要不断创新和改进教学方法，要开展有效教学，尝试使用新的教学方法，并且提出通过教研组内的交流学习，对英语教学方法的使用有了更深刻的认识。在英语教学评估方式方面，初中英语教师对评价方式的多元化、试题贴近生活、针对每一教学环节给予具体的检测反馈等内容有了更深刻的认识。其中评价方式的多元化这一节点覆盖率最高，说明初中英语教师在与校内教研组构建的中间系统的互动中，深刻认识到了采用多元化的评价方式的重要性。在英语教学资源方面，初中英语教师对于如何利用好资源以及需要提供给学生丰富的学习资源这两个内容有了深刻的认识，其中如何利用好资源的节点覆盖率最高。初中英语教师谈到，在与校内教研组构建的中间系统的互动中，他们认识到了要关注最新的英文材料，资源要进行整合和共享，从而更好地利用教学资源。在师生角色方面，对学生角色、教师角色以及师生关系等内容有了更为深刻的理解，其中对学生角色的理解节点覆盖率最高。初中英语教师谈到，在与校内教研组构建的中间系统的互动中，他们加深了对一切以学生为本，突出学生在课堂中的主体地位以及以学生为主体来开展教学活动的认识。

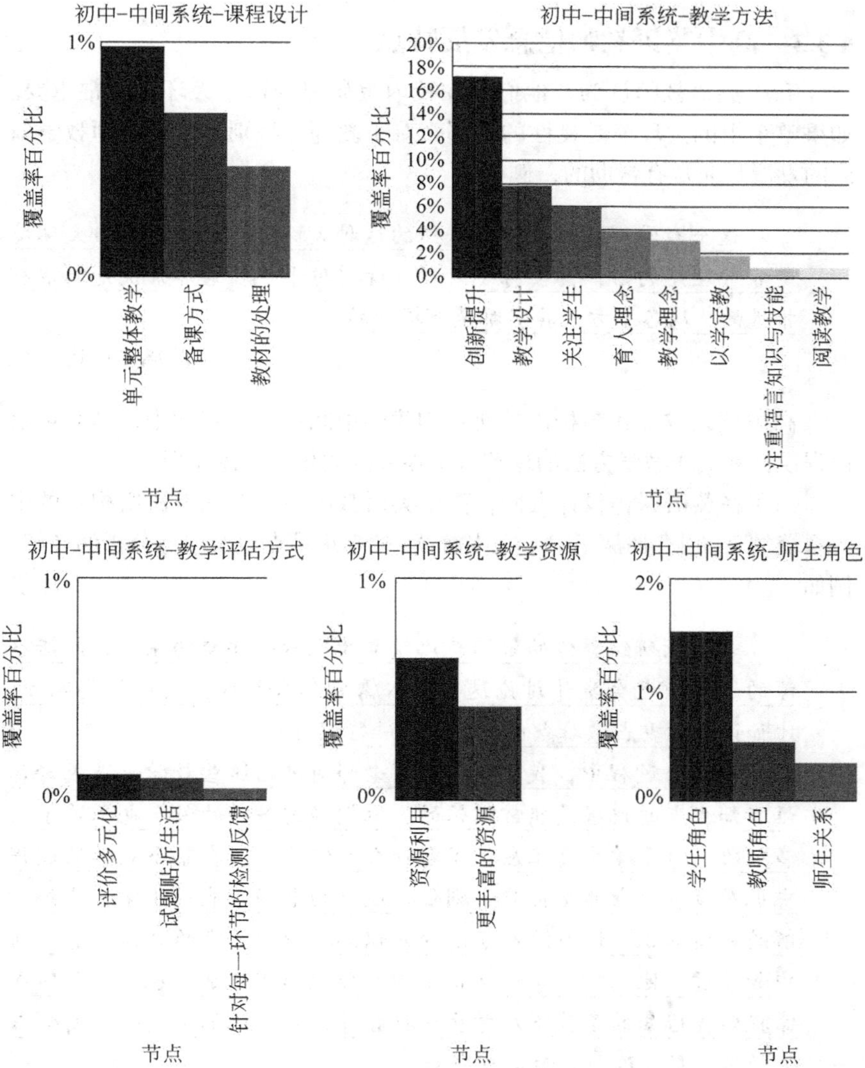

图 4.11　初中英语教师在与校内教研组构建的中间系统的互动中教师信念节点覆盖率示意图

4.3.3 高中英语教师信念发展特点

高中英语教师认为，他们所在校内教研组的这个大环境非常重要。如果整个组的大环境是良性的，那么对于教师，特别是年轻教师教学信念的发展是非常有帮助的，例如：

> 这个我觉得反正要看整个组的这种大环境，如果整个组大环境是非常理想的话，其实对于老师，特别对于年轻老师来说是非常有推进的，从各个方面其实都是有提升的。
>
> （杜鹃－访谈-06）

高中英语教师在与校内教研组构建的中间系统的互动中，其对英语课程设计和英语教学方法的理解有了很大的变化。具体体现在：

（1）在英语课程设计方面，高中英语教师在与校内教研组构建的中间系统的互动中，加深了对于文本解读、教学重难点以及学情分析的理解，例如：

> 我们教研组整体的氛围是比较喜欢探索一些新的东西，包括备课的过程中也会集体讨论这个文本需要怎么处理，然后某些地方，比如说教学重点、难点什么的都会进行探讨。
>
> 在这个过程中，我觉得有很多老师对包括这些教学重点或者是语言知识点的把握是非常到位的。他们经过多年的教学也积累了很多经验。对于学生真正应该了解什么非常清楚。在整个教学的过程中也对重、难点的把握非常到位。还有的老师可能对于学生已经了解的一些知识、还有没有了解的知识比较清楚。有的老师可能在初中教学过，他们对于学生在初中学的知识非常清楚，也知道如何在掌握学生已知的条件下对学生进行指导，帮助他们达到一个新知识的学习。对，这一方面是有影响。
>
> （玉兰－访谈-07-08）

从上面的访谈片段中我们可以看出，作为一名新手教师，玉兰所处的教研组整体氛围比较积极。通过大家的集体讨论，玉兰认为自己对于如何处理文本有了更加深入的理解。并且教研组其他老师对教学重、难点的确定和基于丰富的教学经验所做的学情分析对玉兰的影响很大。从中体现了在与校内教研组构建的中间系统的互动中，高中英语教师对英语课程设计理解的变化。

（2）在英语教学方法方面，高中英语教师在与校内教研组构建的中间系统的互动中，加深了对于小组分组形式的理解，例如：

> 有一位老师实行这种小组学习，大家一起参与的这种课堂模式比较多。他也是把他的课堂进行了一个分组，可能6个人或者几个人在一组里，那么他提问的时候，每个组里的同学都编了号，如每个组的几号同学起来回答这个问题。然后我觉得这也是一种非常有效的课堂组织形式。这样的话，一是以小组为单位学习，有些问题课上进行讨论。再有这样会让每个同学都有一些表现，或者是参与课堂的机会。我觉得这种方法是比较好的。
>
> （玉兰－访谈-08）

从上面的访谈片段中我们可以看出，玉兰通过观看一位同事的课，学习了如何在课堂中进行有效的小组分组，她认为这是一种非常有效的课堂组织形式。从中也体现了在与校内教研组构建的中间系统的互动中，高中英语教师对英语教学方法的理解所产生的变化。

此外，研究者通过Nvivo11软件分析了371份高中英语教师调查问卷中开放性问题的节点覆盖率（如图4.12所示），发现高中英语教师在与校内教研组构建的中间系统的互动中，在英语课程设计方面，对单元教学的理解最为深刻。在英语教学方法方面，对创新发展教学方法、关注学生、基于教学设计实施具体教学方法、体现教学理念、体现育人理念、培养学生能力的具体教学方法、注重阅读教学方法、通过教学反思调整教学方法等多个内容有了更深入的认识，其中创新发展教学方法这一节点的覆盖率最高。高中英语教师谈到，在与校内教研组构建的中间系统的互动中，他们认识到了要共同进步，相互取长补短，学习新的教学方法和新的理念，关注课改，通过教研来引导教学。高中英语教师并未谈到在英语教学评估方式上的深刻理解，这说明在与校内教研组构建的中间系统的互动中，高中英语教师并未在英语教学评估方式上产生深刻的理念变化。在英语教学资源方面，高中英语教师对于利用多媒体和资源利用的方式这两个内容有了深刻的认识，其中利用多媒体的节点覆盖率最高。在师生角色方面，对学生角色和教师角色这两个内容有了更为深刻的理解，其中对学生角色的理解节点覆盖率最高。高中英语教师谈到，在与校内教研组构建的中间系统的互动中，他们加深了对学生是课堂的主体、要发挥学生的主体作用等理念的认识。

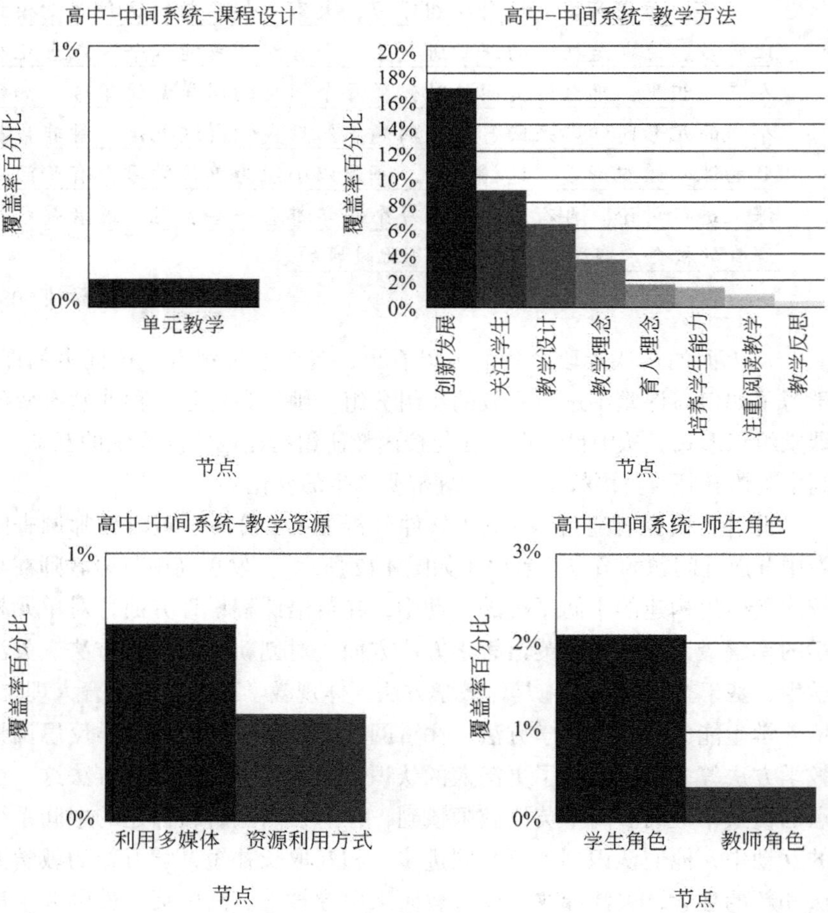

图 4.12 高中英语教师在与校内教研组构建的中间系统的互动中教师信念节点覆盖率示意图

4.3.4 中小学英语教师在与校内教研组构建的中间系统的互动中教师信念发展总体情况

从整体来看，中小学英语教师认为在与校内教研组构建的中间系统的互动中，他们对英语教学评估方式的理解变化最小，对英语教学方法的理解和对师生角色的理解变化最大。

具体而言，小学英语教师在与校内教研组构建的中间系统的互动中，对单元教学和如何进行有效的课堂提问有了更加深入的理解；他们认识到了教学方法创新发展的重要性，认识到了要不断开拓教学思路，教学方法要与时俱进，通过教师之间的合作交流，在教学中做到理论与实践相结合；深刻认识到了形成性评价的重要性，对善于运用多媒体来开展教学有了更加深入的理解；对教师角色的理解更加深入了，加深了对于教师教学反思和提升教师专业发展水平的认识；认识到教师要作为研究者，不断提升自己的研究意识。

初中英语教师在与校内教研组构建的中间系统的互动中，加深了基于文本解读开展教学设计的认识，同时对于基于情境进行导入和单元整体教学有了更深入的理解；更加注重学生课堂的生成，并且更加重视课外阅读，创新提升教学方法，尝试使用了阅读圈（Reading Circles）这一新的教学方法；更加关注对于学生课堂学习效果的检测，深刻认识到采用多元化评价方式的重要性；对如何利用好资源有了更加深入的体会；加深了对一切以学生为本，突出学生在课堂中的主体地位以及以学生为主体来开展教学活动的认识。

高中英语教师在与校内教研组构建的中间系统的互动中，加深了对于文本解读、教学重、难点以及学情分析的理解；对单元教学有了更加深入的理解；加深了对于小组分组形式的理解；对创新发展教学方法有了新的认识；在英语教学评估方式上并未产生深刻的理念变化；对如何更好地利用多媒体有了深刻的理解；加深了对学生是课堂的主体，要发挥学生的主体作用等理念的认识。

4.4 中小学英语教师在与课堂构建的微系统的互动中教师信念发展特点

表 4.4 和图 4.13 呈现了中小学英语教师在与课堂构建的微系统的互动中其教师信念的发展情况。

表 4.4 各类教师在与课堂构建的微系统的互动中教师信念发展情况

所教学段	对英语课程设计的理解	对英语教学方法的理解	对英语教学评估方式的理解	对英语教学资源的理解	对师生角色的理解
小学	3.83	3.81	3.78	3.84	3.8
初中	3.9	3.89	3.83	3.86	3.9
高中	3.77	3.75	3.66	3.73	3.78
总计	3.87	3.86	3.8	3.83	3.87

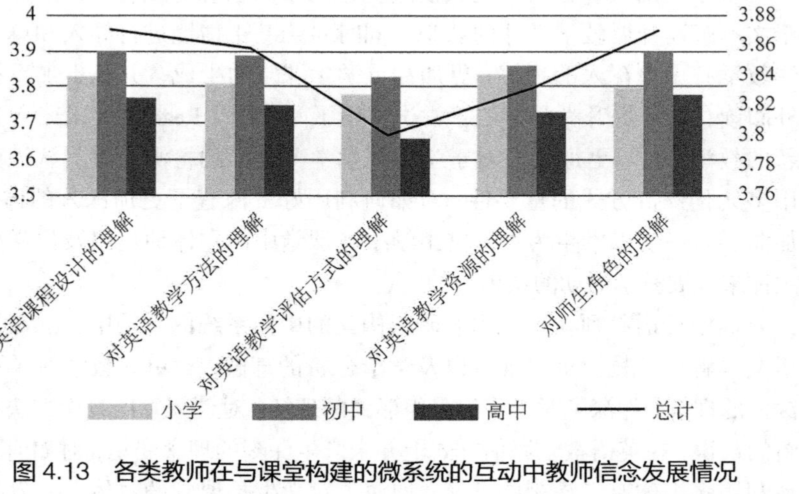

图 4.13 各类教师在与课堂构建的微系统的互动中教师信念发展情况

从整体来看，中小学英语教师认为在与课堂构建的微系统的互动中，他们对英语教学评估方式的理解变化最小，对英语课程设计的理解和对师生角色的理解变化最大。其中，小学英语教师认为，他们对英语教学资源的理解变化最大；初中英语教师认为，他们对英语课程设计的理解和对师生角色的理解变化最大；高中英语教师认为，他们对师生角色的理解变化最大。从上述结果我们可以看出，课堂构建的微系统对中小学英语教师对英语课程设计的理解和对师生角色的理解的重要影响。

4.4.1　小学英语教师信念发展特点

通过访谈两位小学英语教师，研究者发现，在与课堂构建的微系统的互动中，小学英语教师的信念发展特点主要体现在以下几个方面：

（1）在对英语教学方法的理解上面，小学英语教师尝试采用了针对不同语言层次的学生给予不同任务的方法，来解决课堂上等待时间过长、课堂节奏拖沓的问题，例如：

> 其实我平时上课的时候，我比较关注学生的反应，我特别想看到学生举手发言，然后关注他们，关注他们的表达、他们的反馈。就比较在意他们，哪怕坐在角落，或者是对于英语学习比较困难的学生，我都会关注他们，课堂上总想等等他们，给他们时间，让他们有个反应，做个反馈。但是有时候我在等的时候，我不知道等的合适不合适，可能课堂的节奏就慢下来了，那么其他的学生可能就懈怠了，然后这课上着上着就有点懈怠了、松垮了。可能一开始还比较有节奏，还比较在点上，后来慢慢就慢了。所以有时候我就在想这些，对于学得比较慢、反应稍微慢一点、学习有困难的这些学生，我需不需要在课堂这样等他们。因为我是比较在意，我就想关注每一个学生在课堂上的表现，想看他有没有收获呀。所以我觉得我给他一次机会，最起码这一分钟或不到一分钟时间，他可能就有收获的。
>
> 我自己就调整一下。我就把一些读单词或者读句子、读课文的这样比较简单的任务，这样的机会给他们，让他们也能站起来。然后我也调整一下这个问题。我不会把那些真正需要他自主表达的问题给他们。先从比较低层次的读这样的任务，比如跟读开始。这样可能对他们来说就不那么难。所以，我就把问题调配一下，我分成

不同的层次给学生。这样的话就可以解决等待的问题了。而且也不会让那些表达困难的学生……其实他们站起来又说不出来，挺尴尬的，他自己心里压力挺大的。我感觉有时候还是老师自以为是的时候比较多，你感觉你在给他机会，其实你在让他难堪。因为他的语言表达没到那个层次呢，然后有时候我还说你用中文说也行，那想想他也没面子，人家都用英语说，到我这变成中文了……

（茉莉 - 访谈 -05-06）

从上面的访谈片段中我们可以看出，茉莉非常重视每一位学生的英语学习和身心发展。因此，在课堂教学中，为了关注到每一位学生，她会给予英语程度弱一些的学生等待的时间。但是在实际教学中，她发现如果等待时间过长,会造成课堂节奏拖沓缓慢的问题。为了解决这一问题，她尝试采用了对不同语言层次的学生给予不同任务的方法，这样既可以解决等待时间过长带来的课堂效率低的问题，也可以解决学生因为任务难无法完成而出现的心理压力的问题。这体现了在与课堂构建的微系统的互动中，小学英语教师对英语教学方法理解上所发生的重要变化。

（2）在英语教学评估方式的理解方面，小学英语教师一方面认识到通过在课堂中与学生的互动，可以根据学生的表现，来制定相应的评价标准，也可以让学生以自评的方式来进行评价；另一方面认识到教师在课堂中对学生采用恰当的评价方式对于学生身心发展的重要性。

评价不仅仅来自于别人，学生自评的方式也挺好的，我觉得我自己学习到了多少，你的表现有多少，这方面是我觉得比较新的地方，在工作之中学到的。还有一些比如说评价的方式啊，一些评价的标准之类的，这些都是在教学中慢慢摸索，根据学生的表现，然后再制定这些标准，所以这些还是学习得挺多的。

（水仙 - 访谈 -02）

上述访谈片段表明，水仙认为自己在教学中，对于学生自评的方式有了更深入的理解，同时认识到可以根据学生的课堂表现来制定相应的评价标准。

可能对于学生的评价方式，……在跟学生相处的过程当中，因为可能我以前不是特别注意评价方式，慢慢地我才意识到可能有时候老师的评价对于学生来说还是蛮重要的。在这个过程当中，我觉得自己最近一年的变化比较明显就是，因为高年级的学生有时候做得不好，因为他们也大了，所以有的时候如果说得有点严厉，就会伤害他们的自尊心似的。我就稍微的变化了一下，跟他们在交流、或者说真的想批评他们的时候，我觉得自己不太想那么严厉地批评了。

（水仙 - 访谈 -07）

从上述访谈片段中我们可以看出，水仙由以前不是特别关注评价方式，到现在开始意识到评价方式对于学生的重要性，特别是教师对学生采用恰当的评价方式的重要性。她谈到自己教的是高年级的学生，因此在评价学生课堂表现的时候，现在会特别关注高年级学生的心理特点，调整自己的评价方式，尽量做到不伤害学生的自尊心。

上述两个访谈片段表明，在与课堂构建的微系统的互动中，小学英语教师对英语教学评估方式的理解加深了，并且开始尝试使用不同的评估方式来满足学生的身心发展需求。

（3）在师生角色的理解方面，小学英语教师认为学生是促使其角色发生变化的重要推动力。学生的表现会促使教师由控制者变为引导者，会督促教师不断地学习并对所教内容进行深入的思考。

师生的角色我觉得自己还是有一些蛮深的感悟的。因为以前我在T区上班，那边的学生基础不是特别好。然后在师生的角色上，我自己的感觉就是一直都是在你教他，因为他知道得比较少，他的角色比较单一。你在教他，你在引导他，然后就没有从学生那去考虑，就是说他自己知道得不是太多，就从他那反馈到你的这个东西感觉就不是特别得多。

到了现在的H区之后，这边的教育环境就感觉不太一样了。比如说吧，六年级教材里面不是有 fun time 吗，就会有一些有趣的内容，你就得好好地去查一下背景。比如说有一课是讲达·芬奇，你必须得去找一些资料，然后他们会问，他们会跟你交流。所以从学生那边的反馈来说，我对自己这个角色的感觉是我不再是教他们，他们也会促使我去不断地学习，我也得不断地去了解。看似很平常的一些知识，觉得读懂就行，现在不是要读懂，而是真正地去理解，而且跟他们聊的时候，一定要放在时代大背景里面去。当时有一个学生跟我互动比较好的，他当时就说："老师，达·芬奇是文艺复兴时代的一个杰出人物，老师知道文艺复兴是因为什么造成的吗？"我说："我还真不知道，我就是感觉社会发展到一定阶段，可能人们的这种意识就觉醒了，就会爆发文艺复兴。"他说："老师并不是，其实是他们的信念崩溃了，他们在那个时代经历了一场大的这种瘟疫，叫黑死病。"我说："是嘛！原来你知道这么多！"后来我就觉得，真的是不能这样了，他们这种反馈会给你很多不断学习、不断挖掘的动力，所以对于学生的角色我还是比较深刻的，就是你必须得要不断地学习，然后你还得给他一些学习的兴趣，还有动力，然后引导着他去挖掘。

（水仙 - 访谈 -04）

上面的访谈片段表明，水仙在与 T 区和 H 区学生的互动中，对师生角色的认识发生了很大的变化。她谈到，由于 T 区学生的英语基础相对弱一些，所以在课堂中，更多地是以教师为主体，教师教，学生学，教师从学生那里得到的反馈比较少，所以没有能够很好地体现以学生为主体的课堂教学理念。然后，水仙到了 H 区后，这里的学生可以和教师有更好的互动，在这样的互动交流环境中，教师对自己角色的认识发生了变化。她认识到自己不再是控制者，"不再是教他们"，而应变为引导者。课堂应该完全是以学生为主体的。学生在推动着教师不断地学习，学生的反馈可以带给教师对教学内容不断挖掘的动力。

此外，从下文的课堂片段中，我们可以看出水仙在课堂中是如何作为一名引导者，一步一步地引导学生梳理出课文中主要信息的。

T: OK, boys and girls, let's stop here. Now please tell us, who, where and what.

S: Bill's family. At home. They watch TV.

T: They are at home and they want to watch TV. Do you agree?

Ss: Yes.

T: And the middle part?

S: Bill's favorite TV show is cartoon. Bill's mom's favorite TV show is variety show. Bill's dad's favorite TV show is sports show.

T: OK, so boys and girls, do you agree?

Ss: Yes.

T: So why do they like them, do you know? So Bill thinks cartoon is… fun. Mama thinks variety show is very… interesting. But father, he thinks sports show is very… exciting. And when do they want watch TV?

Ss: At 8 o'clock.

T: OK. So at end?

S: The power is off.

T: Yes, the power is off. So what do they do?

S: They play a game. And they feel fun.

T: They feel fun. OK. Do you agree?

Ss: Yes.

T: Now boys and girls, here. There are a lot of things here. Bill's father, grandfather, Bill, and mother. They all want to… watch TV. And when do they want to watch?

Ss: At eight o'clock.

T: OK. So boys and girls, have they watched TV together?

Ss: No.

T: Why?

Ss: Because their favorite TV shows are different.

T: Yes. Father watches…sports show. Mother?

Ss: Variety shows.

T: Bill?

S: Cartoons.

T: So grandma, do we know?

Ss: No.

T: We don't know, but maybe we can guess. Grandmother…

S: News.

T: OK, Why? Why does grandmother like news show?

S: Because she is old, and old people love news show.

T: Oh, old people love news show. OK. So boys and girls here, they all want to watch TV. At last, they… don't watch TV. This is the problem they don't watch TV, yes? Let's watch together. Three different TV shows, all at 8 o'clock. So this is the problem. So can we express the problem in one sentence? What is their problem? Why don't they watch TV?

S: Power is off.

T: Yes, the power is off, so they don't watch TV. Good.

S: Their favorite TV shows are different.

T: Their favorite TV shows are different, but the time they want to watch is the same. OK. Here, this is the problem, can we read together?

Ss: They all want to watch their favorite TV shows at 8 o'clock.

T: Is it right?

Ss: Yes.

（水仙 - 课堂片段 -03-04）

在上文的课堂片段中，水仙在与学生的积极互动过程中，采用“Do you agree?”“Father watches... sports show. Mother?”“We don't know, but maybe we can guess. Grandmother...”等方式一点一点地引导学生关注课文中的主要信息，帮助学生获取梳理文章的细节性信息。并且通过基于学生的回答及时追问的方式，例如“Why does grandmother like news show?”等培养学生的批判性思维能力，通过“Their favorite TV shows are different, but the time they want to watch is the same. OK. Here, this is the problem, can we read together?”等方式引导学生进一步探究本课的主题意义。

基于上述分析，从中我们可以深刻地体会到在与课堂构建的微系统的互动中，小学英语教师对师生角色理解的巨大转变。

此外，研究者通过 Nvivo11 软件分析了 221 份小学英语教师调查问卷中开放性问题的节点覆盖率（如图 4.14 所示），发现小学英语教师在与课堂构建的微系统的互动中，在英语课程设计方面对课程设计的深度与广度、拼读教学课程设计、调整教材内容、对教材内容进行整合与取舍、创造性地使用教材来进行课程设计、单元教学设计、挖掘文本内涵以及课外阅读教学设计等多个内容有了深入的理解。其中课程设计的深度与广度这一节点的覆盖率最高，说明小学英语教师在与课堂构建的微系统的互动中，对课程设计的深度与广度的理解最为深刻。在英语教学方法方面，对聚焦学生学习、全面育人、关注学生学情、注重理论与实践相结合、采用多样化、趣味性的教学活动丰富课堂、提供语境、同伴支架、改变教学方法、采用多样的作业布置方式等多个内容有了更深入的认识，其中聚焦学生学习这一节点的覆盖率最高。小学英语教师谈到，在与课堂构建的微系统的互动中，他们认识到了要采用恰当的教学方法，发挥学生的主观能动性，要给予学生充足的思考时间，激发学生的深度思考，激发学生的英语学习兴趣，通过多种教学方法让学生多实践，多输出，通过多种教学方法培养学生的自主学习能力。在英语教学评估方式方面，小学英语教师对不只看成绩、多元评价以及过程性评价有了更深入的理解，其中不只看成绩的节点覆盖率最高，说明小学英语教师在与课堂构建的微系统的互动中，对英语教学评估上不只看成绩这一点认识最为深刻。在英语教学资源方面，小学英语教师对利用课外资源和利用先进资源这两个内容有了深刻的认识，其中利用课外资源的节点覆盖率最高。在师生角色方面，对教师角色、师生关系和学生角色等内容有了更为深刻的理解，其中对教师角色的理解节点覆盖率最高。小学英语教师谈到，在与课堂构建的微系统的互动中，他们加深了对教师作为辅助者以及引导者等角色的认识，同时意识到教师要在教学中不断进行教学反思，要对学生起到良好的示范作用。

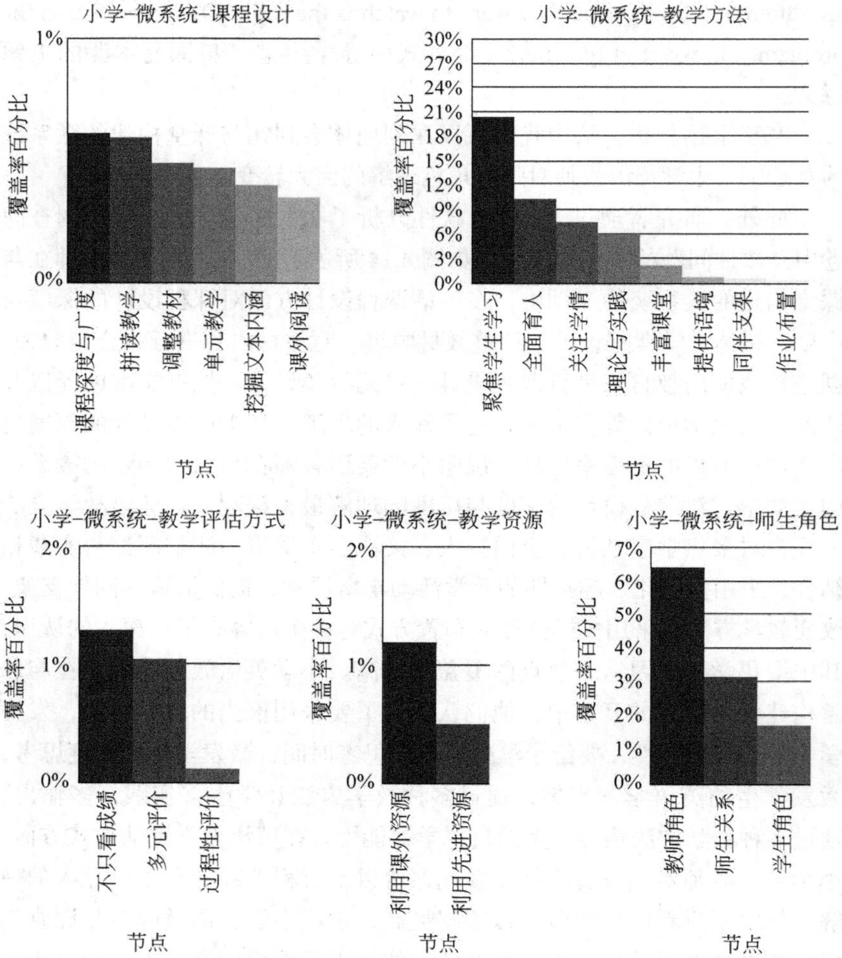

图 4.14 小学英语教师在与课堂构建的微系统的互动中教师信念节点覆盖率示意图

4.4.2 初中英语教师信念发展特点

在与课堂构建的微系统的互动中，初中英语教师信念发展的特点主要体现在以下几个方面：

（1）在英语课程设计方面，初中英语教师关注到需结合学生的反馈，对文本进行更加深入的解读，同时在备课过程中，需更加关注学生的实际身心发展特点，例如：

我觉得首先自己在做文本解读的时候，应该再结合一些孩子的反馈，做得更加深入和更加宽一些，我应该在之前对这些都有一个预设。因为我觉得现在对于我们学校像七年级的孩子，正好是别的学校初一下半学期[1]，下半学期相当于来年就是初二。这样的孩子，从心理特点来看，应该是逻辑思维能力不断上升，对很多的事情开始有自己的看法，有自己的质疑的时候。我应该在我的课上考虑到他们心理发展的特点，以及他现在在接受了大量知识的拓展方面，我自己应该有一些相应的深入和拓展，我觉得对我的备课，自己应该在这方面有所尝试。

（牡丹 - 访谈 -07）

从上面的访谈片段中我们可以看出，牡丹认识到在做文本解读的时候，需要更加关注学生的反馈，使文本解读更加深入。同时她认识到在备课过程中，要考虑学生的实际身心发展特点，使备课内容更加深入和丰富，其中体现了初中英语教师在与课堂构建的微系统的互动中，对英语课程设计理解所发生的变化。

（2）在英语教学方法方面，初中英语教师关注到了学生的个体差异，开始采用分层指导的教学方式。同时更加注重师生互动，给学生营造宽松的学习环境。此外，初中英语教师对采用学生进行课堂表演这个教学方法有了全新的认识，例如：

以前我的一个想法就是，在课上已经讲了，而且应该会了。但是现在发现其实并不是这样的，每一个孩子在课上，因为他的学习方式不同，或者他学习英语的这种体验以及他的经历、他的自身基础的不同，导致了他对我说的同一句话，到底接受了多少，是不一样的。所以我针对不同学生的学习方式进行了一个分层的指导。

（牡丹 - 访谈 -04）

1 该学校实行五四制。牡丹所教的七年级学生年龄同其他学校的七年级学生年龄一样，但是学习内容为八年级的内容。

从上述访谈片段中我们可以看出，牡丹在与课堂构建的微系统的互动中，由一开始认为自己在课上讲的内容学生应该都会了，到后来开始关注学生不同的学习方式，认识到学生的个体差异，进而开始采用分层指导的教学方式。

从下面的课堂片段中我们也可以看出，牡丹在全班给出指令，说明各个小组的任务后，又走到各个小组中，对于没有听清指令的小组给予有针对性的指导。

T: OK. So please take out your worksheet. Step one, you need to read the following passage. Can you find the passage on your worksheet? Now everyone, look at here. The passage is here. (T shows the position of passage.) Can you find it?

Ss: Yes.

T: OK. If you can't find it, ask for help from your group leader. Step two, you are going to complete the table. Clear about it? Then, after all the students in your group have finished, you can share your answers with each other. Are you ready?

Ss: Yes.

T: OK. For this part, you got five minutes. OK, go. Read by yourself.

(Ss begin to do the task. T walks around and gives instructions in a low voice like "If you can't find the passage, here." "This one." "Can you find the passage?" etc.)

（牡丹 - 课堂片段 -05）

上面的课堂片段也再次说明了在与课堂构建的微系统的互动中，牡丹更加关注学生的个体差异，在课堂中能够给予学生分层指导。

另外，在和孩子在课上的这种互动，自己的这种方式，我以前觉得我做得还可以，现在我觉得在这方面自己应该再做得更好一些。比如说当孩子有一些质疑，或者是有一些新的想法的时候，我应该给他们呈现一个更加平等、更加宽松、更加自由的氛围，让他愿意把自己的想法真正说出来。因为我记得当时产生不同想法之后的紧接着下一节课，我们做了一个辩论，关于这个话题。其实也不能算是辩论，算是各抒己见，你把你的想法和大家都说一说。像分组的形式，把有相同的想法的人聚在一起，然后谈论一下我们的看法。另外一些有相同看法的团队在一起，然后双方进行了一个类似于辩论的活动……对，所以就给他们营造一个宽松的、愿意说出自己想法的环境。

（牡丹 - 访谈 -07-08）

上述访谈片段表明，牡丹在与课堂构建的微系统的互动中，发现自己在之前的师生互动环节仍然有很多不足，她认识到教师需要给学生呈现一个更加平等、宽松、自由的互动氛围，给学生创造机会，让学生愿意说出自己的想法。

从下面的课堂片段中我们也可以看出，牡丹通过及时追问的方式给予学生更多的机会说出自己的想法。同时在分完小组后，通过引导小组长和大家打招呼的方式，给学生营造宽松、自由的互动氛围。这也说明牡丹在与课堂构建的微系统的互动中，对于给予学生创设宽松、自由的互动氛围，创造机会鼓励学生说出自己的想法这一理念有了更深入的理解。

T: New York. What do you know about New York? It's a very famous city. We have known it before. OK, look at the picture here. (T points to a picture.) This is the Statue of Liberty, and New York is also a very busy and fantastic city. We will know more later. So, now here are the five cities. Which city do you want to represent?

S: Beijing.

T: XXX, why do you want to represent Beijing?

S: Because I live in Beijing.

T: Yes, Beijing is your hometown, right?...

…

T: OK. Take it easy. You will get a seat definitely. Now say hi to your new group.

Ss: Hi.

T: OK. So, everyone, listen to me carefully. What we are going to do next is, choose a group leader for each group. A group leader.

(Ss discuss in their groups.)

T: OK. So, let's know the group leader of each group. Group London.

(A student stands up.)

T: Say hi to others.

S: Hello.

(Ss laugh happily.)

T: OK. Group Moscow.

(A student stands up and waves to the class.)

(Ss laugh happily.)

T: How about group Beijing?

(A student stands up and waves to the class.)

S: Hello everyone.

T: Say hello to XXX.

Ss: Hello.

T: OK. So, group Los Angeles.

(A student stands up and waves to the class.)

T: Wow, nice girl. How about New York?

(A student stands up and waves to the class.)

（牡丹 - 课堂片段 -03-04）

学生在接受访谈的时候，被问了一个问题：你们老师有什么样的活动？学生就说，我们老师现在让我们画思维导图，还挺好的，然后给我们唱歌，让我们看英文小故事。然后学生就觉得演得太少了。我就在想，没演么，原来也演过，但是太难控制了，都不知道怎么演。演得稀烂，到最后都说中文，我心还急，我就看了直生气，乱七八糟的，然后我就烦了，后来我就不怎么演了。

包括这次教学改进项目的讲课，你看刚开始说要学生表演，我是很抗拒的，我觉得是没法演。因为我自己编了一个剧，我想了都有好长时间，最起码得想了两个小时。然后试讲时就抱着学生啥也不懂的心态去的，你知道吧？我就想你让我这样子讲的，就这样吧。可能就试试。我能感受得到，开始的时候孩子们演得没什么感觉的，但是你知道后来一演就放光的感觉，一点不夸张。我觉得真的当时就给我感觉，在意料之外。我记得下课以后，学生在收拾桌子的时候，有两桌小孩都没走，还在那画呢，当时我特别感动，真的，当时我的感觉特别感动。哎呀！当时那个情景就在我脑子里，我觉得一两个月吧。就是感觉学生突然间那种从不懂到懂的过程。

后来我就演剧，后面这几个单元每一课我觉得哪一小部分适合，我都让学生去演。因为原来不能演太多了，现在我觉得分几块。要把这一块去演出来，表现出来。然后根据不同的角色。因为这个角色他可能还加入到我们生活当中一两个那种课本之外的角色。我说真的，我每次下课，就是学生演完，学生和我都特别激动，就不是原来每次下课就赶快走这种感觉。我觉得就是说，这个过程当中你会感觉到，真的这个是孩子觉得挺好的学习方式，老师可能总觉得费时间，还觉得有的时候达不到效果。但是孩子突然间在课堂上的表现，你觉得就调起来了。我原来的感觉就是表演特别随便，原来为什么就组织不好，因为这个任务太大了。我觉得这次给我的感觉就是这一小片段就弄出来，真的还挺好的。原来任务太大了，谁能演得过来？原来我们学完了一本书说大家演演吧，就乱糟糟的，什么感觉都有。现在就是小的任务，恰当的这种情境，可能就那么两、三分钟，三、五分钟，五分钟有时候就是，就挺好的了。反正就是说这点对我最近这段的教学，学生表演的过程，对我的变化挺大的。我这一段时间我都在用，反正我觉得还挺成惯性的了。

（百合 - 访谈 -09-11）

从上述访谈片段中，我们可以看出百合对于采用学生在课堂中进行表演这一教学方法从抗拒到接受到感动再到成为习惯的整个转变过程。而促使百合发生变化的主要原因是在与课堂构建的微系统的互动中，她看到了学生由不懂到懂这一学习发生的过程，看到了学生在下课后仍然继续完成任务的执着表现。学生的表现和变化是促使百合英语教学方法发生变化的重要催化剂，而她对学生在课堂中进行表演这一教学方法的调整方式，即划分为小任务，创设恰当的情境，让学生都能参与其中，又作为一种反作用力更好地促进了学生的课堂表现，使这一教学方法变得更加有效。

从以上访谈片段中我们可以清晰地看到，在与课堂构建的微系统的互动中，初中英语教师对于英语教学方法的理解所发生的巨大变化。

此外，研究者通过 Nvivo11 软件分析了 1488 份初中英语教师调查问卷中开放性问题的节点覆盖率（如图 4.15 所示），发现初中英语教师在与课堂构建的微系统的互动中，在英语课程设计方面对不局限于教材，灵活处理教材，深入挖掘教材以及整合教材来进行课程设计、单元整体教学设计、翻转课堂教学设计以及初高中衔接的课程设计等多个内容有了深入的理解，其中灵活处理教材进行课程设计这一节点的覆盖率最高。说明初中英语教师在与课堂构建的微系统的互动中，对通过多种方式来处理教材，开展课程设计的理解最为深刻。在英语教学方法方面，对针对具体教学设计采取相应的教学方法、关注学生、教学方法体现育人理念、课堂互动的教学方法、教学方法体现教学理念、注重培养学生语言知识与技能的方法、教学活动设计中的具体教学方法、阅读教学方法等多个内容有了更深入的认识，其中针对具体教学设计采取相应的教学方法这一节点的覆盖率最高。初中英语教师谈到，在与课堂构建的微系统的互动中，他们认识到要基于主题意义创设语言情境，要分层布置作业，通过相应的教学方法激发学生的英语学习兴趣与动机，教学方法要多样化，要形成良好的课堂氛围，可以采用任务型语言教学，教学活动要围绕学生实际生活进行设计，围绕主题和主线进行开展。在英语教学评估方式方面，初中英语教师对评估方式、评估角度以及评估质量等内容有了更深入的理解，其中评估方式的节点覆盖率最高，说明初中英语教师在与课堂构建的微系统的互动中，对具体的英语教学评估方式这一点认识最为深刻。初中英语教师谈到，在与课堂构建的微系统的互动中，他们认识到要注重教学评一体化，要采用形成性评价与终结性评价相结合的评估方式，要积极开展学生参与评估的方式。在英语教学资源方面，初中英语教师对资源更丰富、充分利用资源以及整合资源等内容有了深刻的认识，其中资源更丰富的节点覆盖率最高。初中英语教师谈到，在与课堂构建的微系统的互动中，他们认识到要善于运用现代化资源手段，并且要找到合适的资源，多给学生提供原汁原味的教学资料。在师生角色方面，对学生角色、教师角色和师生关系等内容有了更为深刻的理解，其中对学生角色的理解节点覆盖率最高。初中英语教师谈到，在与课堂构建的微系统的互动中，他们充分认识到学生是课堂的主体，要以学生为主体，一切以学生为本，以学生为中心，为学生服务。

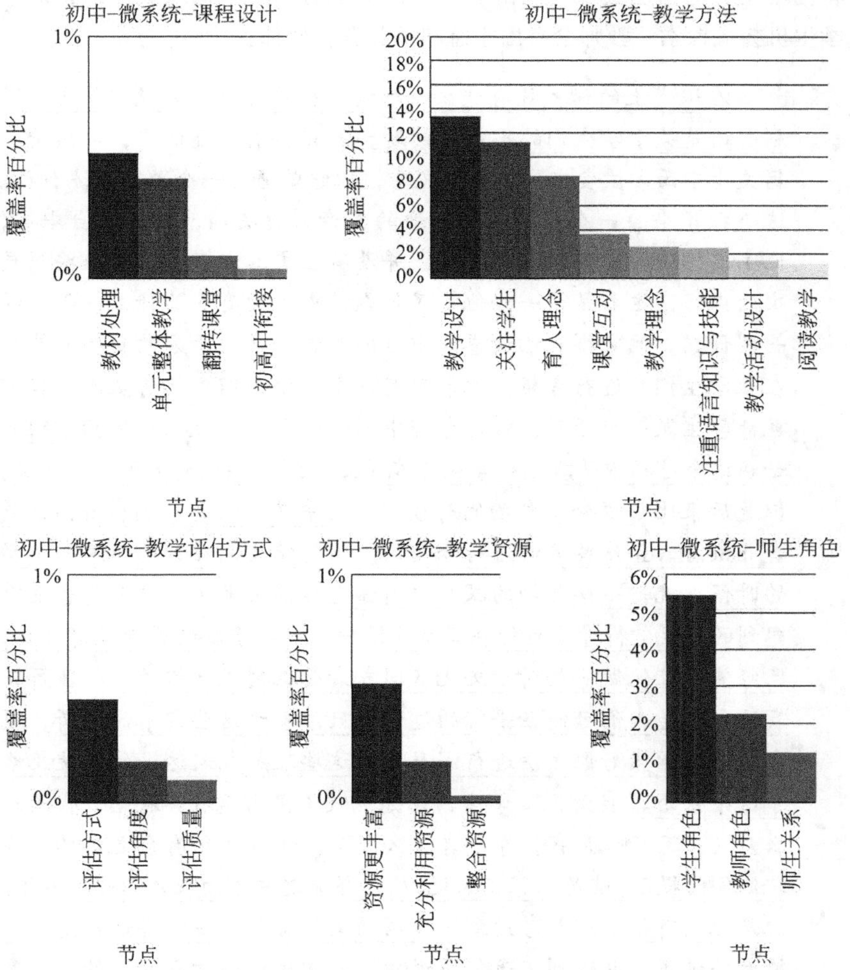

图 4.15　初中英语教师在与课堂构建的微系统的互动中教师信念节点覆盖率示意图

4.4.3 高中英语教师信念发展特点

在与课堂构建的微系统的互动中，高中英语教师信念发展的特点主要体现在以下几个方面：

（1）在英语教学方法方面，学生的课堂生成促使高中英语教师更加相信学生，对自己尝试的新的教学方法更加有信心，同时更加认识到给学生机会去探索，教师会有出乎意料的收获，例如：

在课堂上的话，就有这么一个例子我觉得对我来说印象比较深刻。还是关于学生们的思维的问题。我记得有一篇课文，应该是一篇关于中西方饮食文化差异的文章，但它是通过一个孩子叙述自己。这个孩子来自一个跨国家庭，他的父亲来自英国，母亲来自中国，他主要描述的是他所吃的食物，并没有在文本中直接体现一些深层次的内容，主要是讲一些他吃了什么，中方的有一些什么、西方的一些什么。他觉得自己最喜欢中方的食物，喜欢西方的食物。然后在让学生们来进行分析，他最后有一个是以介绍食物为主的。我们也让学生做一个活动，就是介绍中国的一种有代表性的食物。刚开始在这个过程中是我觉得学生可能无法达到一些特别深的思想领域，但是后来比如说介绍食物的时候，课文中其实只是从 appearance 或者 taste, flavor 这些方面进行介绍的。但是学生们在自己做这个活动的时候，就把一些食物的深层次内涵也提炼出来了，这个是我没有想到的。我觉得学生可能在日常生活中对一些事物的感受或者什么，已经能够让他做一些对于文化认同或者是批判性思维的一些理解或表达，但是我们可能在平常的过程中只注重于这些文本的分析，或者是觉得学生好像无法进行深层次的这些理解或表达，然后就忽略了这个东西。我看很多学生，比如说饺子里面是有各种馅，代表什么意义；还有吃面有长寿或者什么含义，还有年年有余之类的。我给他们的提示，就是以课文来说，从色香味这些方面来介绍就可以了。但是他们有很多组都考虑到了食物的文化含义，我觉得这就是一个很大的进步，也达到了我们所说的培养学生核心素养的目的。就是让我感到比较意外，让我也有了很多的信心，就觉得只要给学生们提供他们自己探索或自己表达的一些途径或者是舞台，他们可以产生很多新的东西、出乎意料的收获，就是这种感觉。

（玉兰 - 访谈 -09）

从上面的访谈片段中我们可以看出，玉兰从学生的课堂生成表现中认识到教师平时的教学如果只停留在文本表层的分析上，没有给予学生机会对文本进行深入的探究，就无法帮助学生培养他们的深层次思维能力，也无法帮助学生实现深度学习以及实现培养学生英语学科核心素养的目的。正是因为玉兰的学生给了她很多基于文本的深层次内容的生成，使她对自己的教学更加有信心，也更坚信在教学中应该设计更多学生可以参与其中进行深入探索的活动，这样学生才会在课堂中有更多新的生成，老师也会有出乎意料的收获。

（2）在师生角色方面，高中英语教师更加意识到教师在教学中作为引导者，发挥支架作用的重要性，同时更加关注学生的主体地位。

……虽然我们是市重点，就是中等校，但是学生的层次不是特别理想。所以当时我特别担心，生怕学生出不来。那个时候我就整体地上课，我就不停地在用话题，去跟学生去说，因为怕在课堂上有冷场的现象出现。因为就觉得学生真的是做不出来。但是磨了几轮课之后，特别是对我自己的学生来说，因为当时我学生的程度其实很差的，到最后其实我在正式上课之前心里都捏着一把汗，我觉得学生很有可能说不到点子上。结果我觉得正式讲和倒数前一次试讲，突然在那个班里面有学生用图画的形式来展现出来望夫石。对，特别形象。还有画 flower 的，画 blossom 的。因为前几个班试讲都是文字，然后学生写的也是干巴巴的。所以他用图画的形式，一下子就把情绪带到位了，一下子就明白是怎么回事了。你再有其他的解释的时候，他自己也能够自圆其说。所以在最后正式讲时，提到诗歌的时候，我记得特别清楚，就是春回大地，包括人与自然的对话等等，他也是用图画，然后再用一个语言的形式展示出来、解释出来的。所以一下子我就被触动了。其实完全印证了以前我老师跟我说过的，就是说你给学生能搭什么样的梯子，学生就可能会到什么样的程度。比如说你要学会真的去放手，当然不是那种完全的大放手，大放手之后，可能到最后仍然觉得什么都说不出来，那种不要。是要接二连三地小步子，一点一点给他搭台阶，一点一点再往上走，那么就水到渠成，就是学生一下子就把窗户纸都捅破了，就是他的能力。也就是从现在的创造力本身来说，可能在我们的某些课堂上抑制了学生的创造，就没有让学生充分地去说，没有让他们真正去表达。

（杜鹃 - 访谈 -08）

从以上的访谈片段中我们可以看出，杜鹃在教学中由一开始因为担心学生基础差，课堂会出现冷场的情况，而不给学生机会，始终自己作为主体，变为后来看到了学生的表现，逐渐放手，给学生搭好台阶，发挥好支架作用，课堂变为学生为主体的整个转变过程。从中体现了在与课堂构建的微系统的互动中，高中英语教师对师生角色理解所发生的巨大变化。

从下文的课堂片段中我们也可以看出，杜鹃通过一系列的问题，引导学生说出诗歌中的意象、押韵、节奏、词语的运用等方面的特点，在师生的积极互动中，她始终在扮演着引导者的角色。同时对于意象、押韵、节奏、词语的运用等诗歌的特点以及五行诗等诗歌的类型，又实时地加以介绍，给学生搭建支架，帮助学生理解诗歌的这些特点和类型。

T: OK. So this song is very popular with children in the world, but do you know it is not only a song, but a poem with a history of more than 200 years. It's a poem. Besides this poem, do you know other English poem or English poets? Do you know?

S: Shakespeare.

T: OK, Shakespeare. Who else? Others please?

Ss: Tagore.

T: Tagore. An Indian poet, right? Now. Who else? So you are not very familiar with the foreigners. How about Chinese poets? Chinese poets?

Ss: Li Bai.

T: Yeah, Li Bai. Who else?

Ss: Du Fu, Bai Juyi.

T: Du Fu, Bai Juyi. Right. OK. So now how about the Chinese poems? Do you have a favorite Chinese poem? You have? So I know you have learned a poem today in the Chinese lesson. What is that?

Ss: 《春江花月夜》.

T: OK. And how about other Chinese poems? You like, your favorite. Do you want to share your favorite Chinese poem with us? You can recite it in Chinese. So would you like to recite it for us?

S: 《九月九日忆山东兄弟》.

T: OK.

S: 独在异乡为异客，每逢佳节倍思亲。遥知兄弟登高处，遍插茱萸少一人.

T: OK, very good. Sit down please. Now how about the other Chinese poem? Now XX, would you like to share with us?

S: 《静夜思》.

T: OK. Please recite this poem for us.

S: 床前明月光，疑是地上霜。举头望明月，低头思故乡.

T: OK. It's a very simple Chinese poem. So why do you like it?

S: Because it's very simple.

T: How many words in each line?

S: Five words.

T: OK. Five words, right? So we call it a five words long poem, right? So it is a sentence structure, five words poem. What else reason?

S: This poem expresses a kind of emotion of homesickness.

T: The emotion of homesickness. OK. So when you read a poem, what's in your mind?

S: Picture.

T: There is a picture. What kind of a picture is it?

S: Li Bai sat on the bed, and looked out for the moon... and...

T: So how about the moon?

S: Very bright.

T: Very bright. All right, so what we call that in Chinese lesson? Chinese teacher has told you, what is it?

S: 意象.

T: 意象, right? So we call the imagery. So what is imagery, let's see. Imagery is a picture of idea that the poet wants to convey in the poem. Right? So do you have other reason? No, sit down, please. So when we appreciate《静夜思》, you will find there are some sounds are pronounced very similar. So what are they? In Chinese, we say...

Ss: 押韵.

T: 押韵。OK. OK. Yeah. From English, we call it rhyme. What is rhyme? Yeah, let's see. Rhyme is a repetition of similar sounds or the same sound in two or more words. It's a rhyme, right? So what other aspects that we can appreciate the poem? When you read a poem, you read it not very quickly, right? So we don't know what's in a poem while you read, it's just like singing a song, we say, well, speech, right? We called beat. So in English, we call them what? We call them rhythm. So what is rhythm? Rhythm is a pattern of sound and silence, because very slow and also very fast, it can be strong and it can be soft, right? So what else? What other reason that you like Chinese poems? For example, we have known 春风又绿江南岸, right? So here, when we talk about this one, we say the writer uses what?

S: Use very beautiful sentences.

T: Very beautiful words, right? 绿, not other words, right? Sit down, please. So here we say it is a usage of language. This is what we have learned in Chinese lesson to appreciate a poem. Appreciate the Chinese poem. Now let's see, can we use them to appreciate the English poem? English poems.

（杜鹃 - 课堂片段 -01-03）

上述课堂片段中，杜鹃所表现出来的教学行为体现了她在与课堂构建的微系统的互动中，对于扮演引导者的角色、发挥好支架的作用以及关注学生的主体地位等理念的深刻认识。正是因为有了这些深刻的认识，才使得杜鹃在课堂教学中表现出来了与学生积极互动、基于学生已知、引导学生关注主题意义、建构新知等教学行为。

此外，研究者通过 Nvivo11 软件分析了 371 份高中英语教师调查问卷中开放性问题的节点覆盖率（如图 4.16 所示），发现高中英语教师在与课堂构建的微系统的互动中，在英语课程设计方面对课程内容的设计、课程设置的多元化以及单元教学等多个内容有了深入的理解，其中课程内容的设计这一节点的覆盖率最高，说明高中英语教师在与课堂构建的微系统的互动中，对课程内容进行具体设计的理解最为深刻。高中英语教师谈到，在与课堂构建的微系统的互动中，他们认识到教学内容要不断更新，在进行课程设计时要考虑课程容量，同时要注重课外拓展。在英语教学方法方面，对关注学生、针对具体教学设计采取相应的教学方法、培养学生能力的教学方法、教学方法中体现育人理念、教学方法中体现教学理念、不断改进和提升教学方法、通过具体的教学方法和不同的授课风格来营造良好的课堂气氛以及实现趣味课堂、体现教学目标多维化、通过具体的教学方法来内化语言、通过具体的教学方法来实现有效课堂管理等多个内容有了更深入的认识，其中关注学生这一节点的覆盖率最高。高中英语教师谈到，在与课堂构建的微系统的互动中，他们认识到要从学生出发，设计相应的教学活动，要发挥学生的主观能动性，要关注学生的需求与发展，教学活动要符合学生的语言水平，可以通过思维导图等方式来培养学生的思维能力，要充分发挥学生的创造力和想象力，教学方法要根据学情不断变化，随着学生的反应来及时调整自己的教学方法。在英语教学评估方式方面，高中英语教师对评估角度和形成性评价这两方面内容有了更深入的理解，其中评估角度的节点覆盖率最高，说明高中英语教师在与课堂构建的微系统的互动中，对评估角度这一点认识最为深刻。高中英语教师谈到，在与课堂构建的微系统的互动中，他们认识到评价方式要多元化，但同时也要考虑贴近考试的要求。高中英语教师并未谈到在英语教学资源上的深刻理解，这说明在与课堂构建的微系统的互动中，高中英语教师并未在英语教学资源上产生深刻的理念变化。在师生角色方面，对学生角色、师生关系和教师角色等内容有了更为深刻的理解，其中对学生角色的理解节点覆盖率最高。高中英语教师谈到，在与课堂构建的微系统的互动中，他们认识到要充分发挥学生的主体作用，课堂要以学生为主。

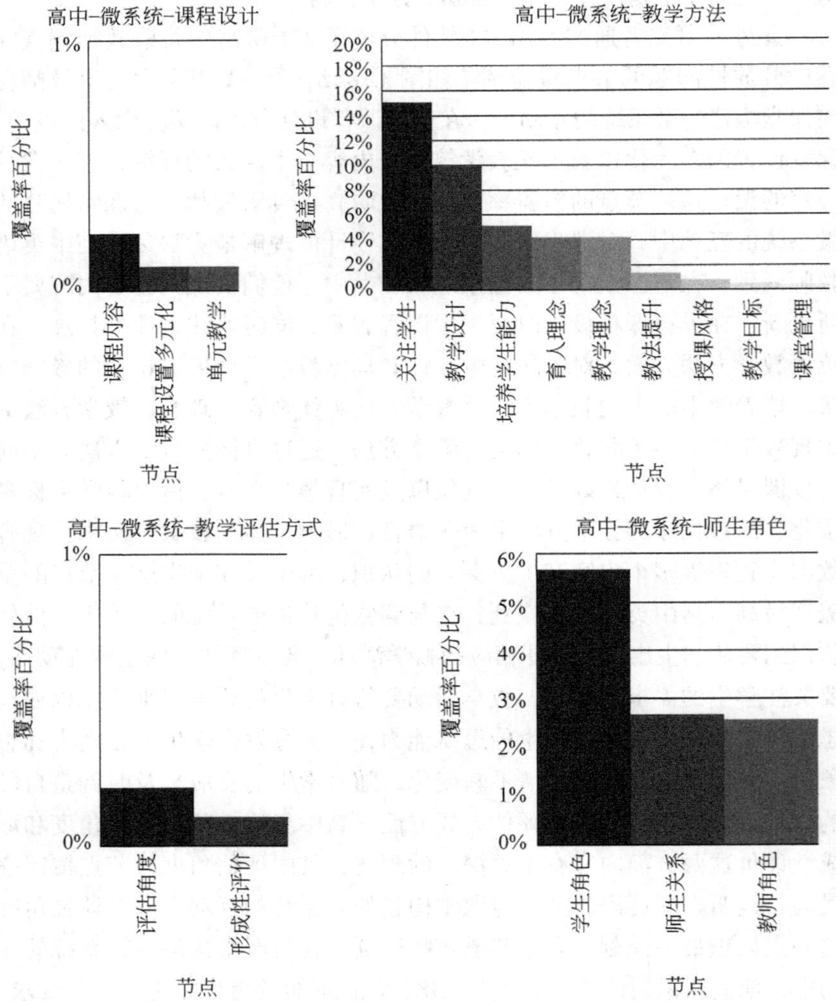

图 4.16 高中英语教师在与课堂构建的微系统的互动中教师信念节点覆盖率示意图

4.4.4 中小学英语教师在与课堂构建的微系统的互动中教师信念发展总体情况

从整体来看，中小学英语教师认为在与课堂构建的微系统的互动中，他们对英语教学评估方式的理解变化最小，对英语课程设计的理解和对师生角色的理解变化最大。

具体而言，小学英语教师在与课堂构建的微系统的互动中，对课程设计的深度与广度有了更加深入的理解；更加聚焦学生学习，关注学生的身心发展，对针对不同语言层次的学生给予不同的任务有了更加深入的理解；对英语教学评估上不只看成绩这一点认识最为深刻；同时对评价方式的多元化以及根据学生的课堂表现来制定相应的评价标准有了新的认识；对充分利用课外资源有了更深入的体会；对教师的引导作用以及学生的主体地位有了更深入的认识，加深了对教师作为辅助者以及引导者等角色的认识；同时意识到教师要在教学中不断进行教学反思，要对学生起到良好的示范作用。

初中英语教师在与课堂构建的微系统的互动中，对灵活处理教材进行课程设计有了更深入的理解，关注到需结合学生的反馈，对文本进行更加深入地解读；同时对针对具体教学设计采取相应的教学方法有了更深入的理解，认识到要基于主题意义创设语言情境，要分层布置作业，通过相应的教学方法激发学生的英语学习兴趣与动机，教学方法要多样化，要形成良好的课堂氛围，可以采用任务型语言教学，教学活动要围绕学生实际生活进行设计，围绕主题和主线进行开展；在备课过程中，需更加关注学生的实际身心发展特点，关注到学生的个体差异，开始采用分层指导的教学方式；同时更加注重师生互动，给学生营造宽松的学习环境，并且对采用学生进行课堂表演这个教学方法有了全新的认识；对具体的英语教学评估方式有了更深入的理解；对丰富的教学资源有了新的认识，例如对要善于运用现代化的资源手段，找到合理合适的资源，多给学生提供原汁原味的教学资料等有了更加深入的理解；充分认识到学生是课堂的主体，要以学生为主体，一切以学生为本，以学生为中心，为学生服务。

高中英语教师在与课堂构建的微系统的互动中，对课程内容进行具体设计的理解更加深刻，认识到教学内容要不断更新，在进行课程设计时要考虑课程容量，要注重课外拓展；对关注学生有了更加深入的体会，认识到要从学生出发，设计相应的教学活动，要发挥学生的主观能动性，要关注学生的需求与发展，教学活动要符合学生的语言水平，可以通过思维导图等方式来培养学生的思维能力；要充分发挥学生的创造力和想象力，教学方法要根据学情不断变化，随着学生的反应来及时调整自己的教学方法；认识到给学生机会去探索，教师会有出乎意料的收获；对评估角度有了更深入的理解，认识到评价方式要多元化，但同时也要考虑贴近考试的要求；但并未在英语教学资源上产生深刻的理念变化；意识到教师在教学中作为引导者，发挥支架作用的重要性；同时认识到课堂要以学生为主，更加关注学生的主体地位。

4.5 中小学英语教师的教师信念在各生态系统中的发展特点

表 4.5 和图 4.17 呈现了中小学英语教师的教师信念在各生态系统中的发展情况。

表 4.5 各类教师的教师信念在各生态系统中的发展情况

	大系统	外系统	中间系统	微系统
小学	3.773	3.913	3.68	3.811
初中	3.85	3.929	3.7	3.876
高中	3.789	3.843	3.55	3.737

从中我们发现，专家团队构建的外系统对中小学英语教师的信念影响最大，校内教研组构建的中间系统对中小学英语教师的信念影响最小。

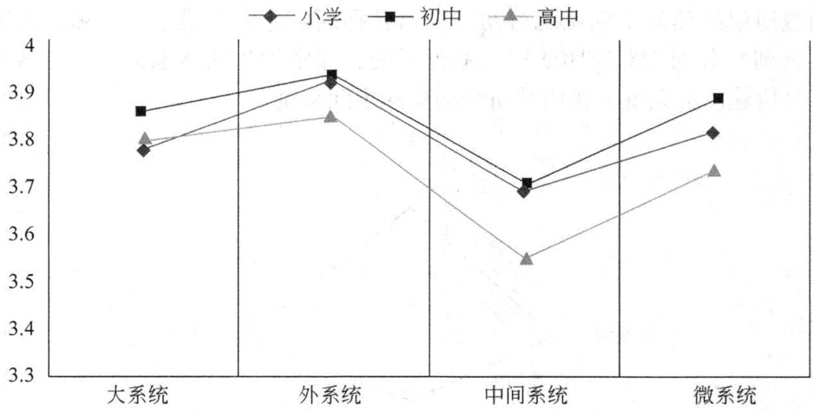

图 4.17　各类教师的教师信念在各生态系统中的发展情况

从图 4.18 可以看出小学英语教师的教师信念在各生态系统中的发展情况。其中专家团队构建的外系统对小学英语教师的信念影响最大，校内教研组构建的中间系统对小学英语教师的信念影响最小。其影响程度从大到小分别为专家团队构建的外系统、课堂构建的微系统、现行教育体制构建的大系统、校内教研组构建的中间系统。

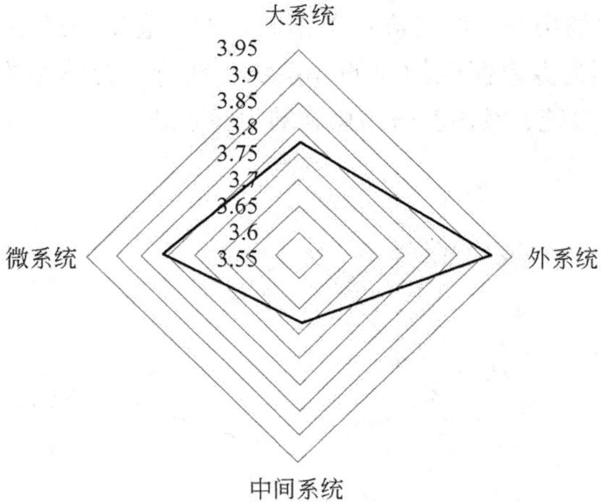

图 4.18　小学英语教师的教师信念在各生态系统中的发展情况

从图 4.19 可以看出初中英语教师的教师信念在各生态系统中的发展情况。其中专家团队构建的外系统对初中英语教师的信念影响最大，校内教研组构建的中间系统对初中英语教师的信念影响最小。其影响程度从大到小分别为专家团队构建的外系统、课堂构建的微系统、现行教育体制构建的大系统、校内教研组构建的中间系统。

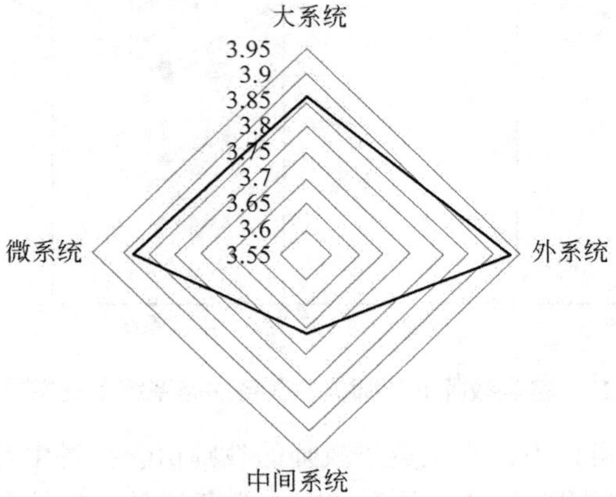

图 4.19 初中英语教师的教师信念在各生态系统中的发展情况

从图 4.20 可以看出高中英语教师的教师信念在各生态系统中的发展情况。其中专家团队构建的外系统对高中英语教师的信念影响最大，校内教研组构建的中间系统对高中英语教师的信念影响最小。其影响程度从大到小分别为专家团队构建的外系统、现行教育体制构建的大系统、课堂构建的微系统、校内教研组构建的中间系统。

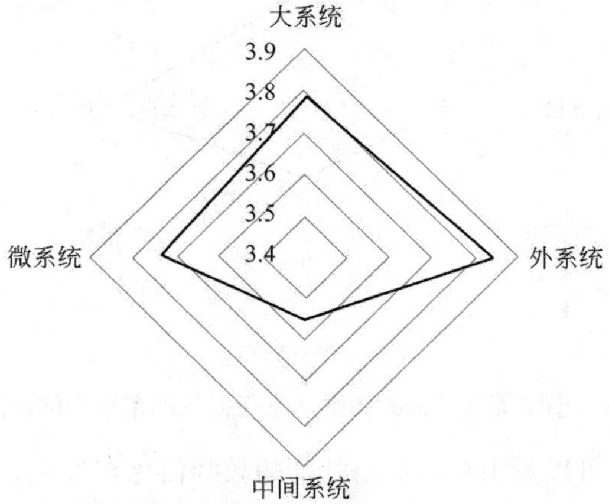

图 4.20 高中英语教师的教师信念在各生态系统中的发展情况

图 4.21 呈现了各个生态系统对中小学英语教师信念的影响情况。从中我们可以发现，各个生态系统对中小学英语教师的信念均有一定程度的影响。其中，对初中英语教师信念的影响最大，对高中英语教师信念的影响最小。

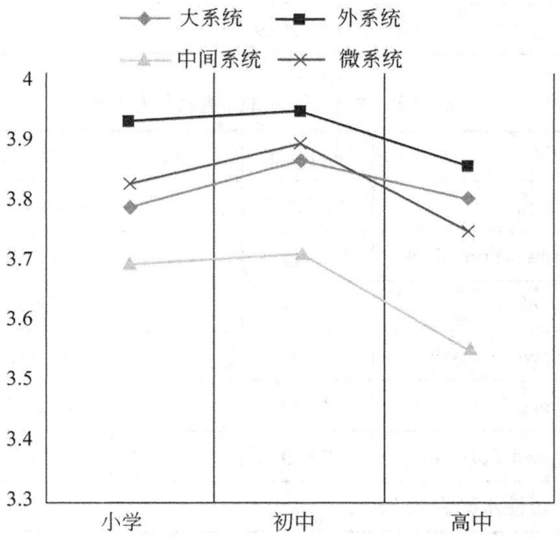

图 4.21　各个生态系统对中小学英语教师信念的影响情况

4.6　中小学英语教师在与生态系统的互动中其信念的组间差异性分析

本研究采用单因素方差分析法，探究中小学英语教师的教师信念在各个生态系统中的差异性。

表 4.6　方差齐性检验

	Levene 统计量	df1	df2	显著性
大系统	2.110	2	2077	.122
外系统	9.376	2	2077	.000
中间系统	4.874	2	2077	.008
微系统	9.224	2	2077	.000

表 4.7 单因素方差分析

		平方和	df	均方	F	显著性
大系统	组间	1.941	2	.971	2.581	.076
	组内	781.210	2077	.376		
	总数	783.151	2079			

表 4.8 均值相等性的键壮性检验

		统计量 a	df1	df2	显著性
外系统	Welch	2.386	2	470.187	.093
	Brown-Forsythe	2.443	2	712.430	.088
中间系统	Welch	6.421	2	487.440	.002
	Brown-Forsythe	7.200	2	772.997	.001
微系统	Welch	7.089	2	489.532	.001
	Brown-Forsythe	7.813	2	778.348	.000

*. 均值差的显著性水平为 0.05。

表 4.9 多重比较

Games-Howell

因变量			均值差 (I–J)	标准误	显著性	95% 置信区间	
						下限	上限
中间系统	小学	初中	–.016	.046	.935	–.13	.09
		高中	.134	.057	.051	.00	.27
中间系统	初中	小学	.016	.046	.935	–.09	.13
		高中	.151*	.042	.001	.05	.25
	高中	小学	–.134	.057	.051	–.27	.00
		初中	–.151*	.042	.001	–.25	–.05

（待续）

（续表）

Games-Howell							
因变量			均值差 (I–J)	标准误	显著性	95% 置信区间	
						下限	上限
微系统	小学	初中	–.0648	.0418	.268	–.163	.034
		高中	.0739	.0517	.326	–.048	.195
	初中	小学	.0648	.0418	.268	–.034	.163
		高中	.1387*	.0381	.001	.049	.228
	高中	小学	–.0739	.0517	.326	–.195	.048
		初中	–.1387*	.0381	.001	–.228	–.049

*. 均值差的显著性水平为 0.05。

经方差齐性检验，如表 4.6 所示，中小学英语教师的教师信念在现行教育体制构建的大系统上呈方差齐性（p=0.122），但表 4.7 的方差分析结果显示中小学英语教师在大系统上的教师信念无显著的组间差异（p=0.076，F（2，2077）=2.58）。方差非齐时，采用 Welch 检验和 Brown-Forsythe 检验，如表 4.8 所示，中小学英语教师的教师信念在校内教研组构建的中间系统和课堂构建的微系统上存在显著的组间差异。表 4.9 的 Games-Howell 事后比较结果表明，在校内教研组构建的中间系统中，初中组（M=3.70，SD=0.68）及高中组（M=3.55，SD=0.74）间存在显著差异（p=0.001，95% CI：0.05~0.25）；在课堂构建的微系统中，初中组（M=3.88，SD=0.62）及高中组（M=3.74，SD=0.66）间存在显著差异（p=0.001，95% CI：0.05~0.23）。

4.7 中小学英语教师在与现行教育体制构建的大系统的互动中其信念的组间差异性分析

中小学英语教师在与现行教育体制构建的大系统的互动中，其信念的组间差异性分析如下表 4.10-4.13 所示。

表 4.10 方差齐性检验

	Levene 统计量	df1	df2	显著性
对英语课程设计的理解	12.284	2	2077	.000
对英语教学方法的理解	5.048	2	2077	.007
对英语教学评估方式的理解	14.306	2	2077	.000
对英语教学资源的理解	10.423	2	2077	.000
对师生角色的理解	2.944	2	2077	.053

表 4.11 单因素方差分析

		平方和	df	均方	F	显著性
对师生角色的理解	组间	3.027	2	1.514	2.865	.057
	组内	1097.278	2077	.528		
	总数	1100.306	2079			

表 4.12 均值相等性的键壮性检验

		统计量 a	df1	df2	显著性
对英语课程设计的理解	Welch	4.264	2	483.449	.015
	Brown-Forsythe	4.620	2	772.137	.010
对英语教学方法的理解	Welch	3.000	2	485.088	.051
	Brown-Forsythe	2.962	2	759.844	.052
对英语教学评估方式的理解	Welch	6.703	2	489.189	.001
	Brown-Forsythe	7.375	2	783.686	.001
对英语教学资源的理解	Welch	.287	2	480.800	.750
	Brown-Forsythe	.337	2	767.605	.714

a. 渐近 F 分布。

表 4.13　多重比较

Games-Howell							
因变量			均值差 (I-J)	标准误	显著性	95% 置信区间	
						下限	上限
对英语课程设计的理解	小学	初中	–.079	.048	.225	–.19	.03
		高中	.042	.061	.775	–.10	.19
	初中	小学	.079	.048	.225	–.03	.19
		高中	.121*	.046	.024	.01	.23
	高中	小学	–.042	.061	.775	–.19	.10
		初中	–.121*	.046	.024	–.23	–.01
对英语教学评估方式的理解	小学	初中	–.099	.048	.103	–.21	.01
		高中	.057	.062	.626	–.09	.20
	初中	小学	.099	.048	.103	–.01	.21
		高中	.156*	.047	.003	.05	.27
	高中	小学	–.057	.062	.626	–.20	.09
		初中	–.156*	.047	.003	–.27	–.05

*. 均值差的显著性水平为 0.05。

如表 4.10 所示，在与现行教育体制构建的大系统的互动中，中小学英语教师的教师信念在“对师生角色的理解”这一项上满足方差齐性（p=0.053），单因素方差分析结果（见表 4.11）显示组间无显著差异（p=0.057，F（2，2077）=2.87）。表 4.12 的 Welch 检验和 Brown-Forsythe 检验表明，中小学英语教师信念在“对英语课程设计的理解”和“对英语教学评估方式的理解”两个维度上存在显著的组间差异。在表 4.13 中，Games-Howell 比较结果显示，初中组（M=3.86，SD=0.71）及高中组（M=3.74，SD=0.81）间在“对英语课程设计的理解”上存在显著差异（p=0.024，95% CI：0.01~0.23）；在“对英语教学评估方式的理解”上，初中组（M=3.76，SD=0.73）及高中组（M=3.60，SD=0.82）间存在显著差异（p=0.003，95% CI：0.05~0.27）。

4.8 中小学英语教师在与专家团队构建的外系统的互动中其信念的组间差异性分析

中小学英语教师在与专家团队构建的外系统的互动中，其信念的组间差异性分析如下表 4.14-4.16 所示。

表 4.14 方差齐性检验

	Levene 统计量	df1	df2	显著性
对英语课程设计的理解	17.530	2	2077	.000
对英语教学方法的理解	8.826	2	2077	.000
对英语教学评估方式的理解	16.653	2	2077	.000
对英语教学资源的理解	9.853	2	2077	.000
对师生角色的理解	14.051	2	2077	.000

表 4.15 均值相等性的键壮性检验

		统计量 a	df1	df2	显著性
对英语课程设计的理解	Welch	2.629	2	461.780	.073
	Brown-Forsythe	2.768	2	706.264	.063
对英语教学方法的理解	Welch	1.926	2	470.922	.147
	Brown-Forsythe	1.967	2	709.999	.141
对英语教学评估方式的理解	Welch	3.108	2	469.114	.046
	Brown-Forsythe	3.388	2	731.105	.034
对英语教学资源的理解	Welch	.933	2	472.747	.394
	Brown-Forsythe	.988	2	733.895	.373
对师生角色的理解	Welch	1.587	2	466.424	.206
	Brown-Forsythe	1.592	2	707.305	.204

a. 渐近 F 分布。

表 4.16　多重比较

Games–Howell

因变量			均值差 (I–J)	标准误	显著性	95% 置信区间	
						下限	上限
对英语教学评估方式的理解	小学	初中	–.010	.051	.981	–.13	.11
		高中	.103	.063	.239	–.05	.25
	初中	小学	.010	.051	.981	–.11	.13
		高中	.112*	.045	.035	.01	.22
	高中	小学	–.103	.063	.239	–.25	.05
		初中	–.112*	.045	.035	–.22	–.01

*. 均值差的显著性水平为 0.05。

在与专家团队构建的外系统的互动中，Welch 检验和 Brown-Forsythe 检验表明，中小学英语教师信念在“对英语教学评估方式的理解”上存在显著的组间差异；事后比较结果表明，这一差异存在于初中组（M=3.90，SD=0.69）及高中组（M=3.78，SD=0.80）之间（p=0.035，95% CI：0.01~0.22）。

4.9　中小学英语教师在与校内教研组构建的中间系统的互动中其信念的组间差异性分析

中小学英语教师在与校内教研组构建的中间系统的互动中，其信念的组间差异性分析如下表 4.17—4.19 所示。

表 4.17　方差齐性检验

	Levene 统计量	df1	df2	显著性
对英语课程设计的理解	10.389	2	2077	.000
对英语教学方法的理解	10.197	2	2077	.000
对英语教学评估方式的理解	5.822	2	2077	.003
对英语教学资源的理解	9.673	2	2077	.000
对师生角色的理解	11.838	2	2077	.000

表 4.18 均值相等性的键壮性检验

		统计量 a	df1	df2	显著性
对英语课程设计的理解	Welch	5.306	2	481.874	.005
	Brown-Forsythe	5.989	2	763.570	.003
对英语教学方法的理解	Welch	7.234	2	484.961	.001
	Brown-Forsythe	8.219	2	771.930	.000
对英语教学评估方式的理解	Welch	5.963	2	485.204	.003
	Brown-Forsythe	6.570	2	766.272	.001
对英语教学资源的理解	Welch	2.690	2	486.468	.069
	Brown-Forsythe	3.143	2	777.631	.044
对师生角色的理解	Welch	6.797	2	486.773	.001
	Brown-Forsythe	7.889	2	778.155	.000

a. 渐近 F 分布。

表 4.19 多重比较

Games–Howell

因变量			均值差 (I–J)	标准误	显著性	95% 置信区间	
						下限	上限
对英语课程设计的理解	小学	初中	–.007	.051	.989	–.13	.11
		高中	.142	.063	.063	–.01	.29
	初中	小学	.007	.051	.989	–.11	.13
		高中	.150*	.046	.004	.04	.26
	高中	小学	–.142	.063	.063	–.29	.01
		初中	–.150*	.046	.004	–.26	–.04
对英语教学方法的理解	小学	初中	.017	.049	.936	–.10	.13
		高中	.185*	.061	.008	.04	.33
	初中	小学	–.017	.049	.936	–.13	.10
		高中	.168*	.046	.001	.06	.27
	高中	小学	–.185*	.061	.008	–.33	–.04
		初中	–.168*	.046	.001	–.27	–.06

（待续）

（续表）

Games-Howell							
因变量			均值差 (I–J)	标准误	显著性	95% 置信区间	
						下限	上限
对英语教学评估方式的理解	小学	初中	–.047	.051	.626	–.17	.07
		高中	.110	.063	.188	–.04	.26
	初中	小学	.047	.051	.626	–.07	.17
		高中	.157*	.046	.002	.05	.26
	高中	小学	–.110	.063	.188	–.26	.04
		初中	–.157*	.046	.002	–.26	–.05
对英语教学资源的理解	小学	初中	–.001	.048	1.000	–.12	.11
		高中	.105	.061	.204	–.04	.25
	初中	小学	.001	.048	1.000	–.11	.12
		高中	.106	.046	.057	.00	.21
	高中	小学	–.105	.061	.204	–.25	.04
		初中	–.106	.046	.057	–.21	.00
对师生角色的理解	小学	初中	–.043	.049	.660	–.16	.07
		高中	.130	.062	.096	–.02	.28
	初中	小学	.043	.049	.660	–.07	.16
		高中	.173*	.047	.001	.06	.28
	高中	小学	–.130	.062	.096	–.28	.02
		初中	–.173*	.047	.001	–.28	–.06

*. 均值差的显著性水平为 0.05。

中小学英语教师在与校内教研组构建的中间系统的互动中，Welch 检验和 Brown-Forsythe 检验结果表明，中小学英语教师信念在“对英语课程设计的理解”“对英语教学方法的理解”“对英语教学评估方式的理解”和“对师生角色的理解”上具有显著差异（见表 4.18）。通过表 4.19 的 Games-Howell 多重比较，在“对英语课程设计的理解”上，初中组（M=3.70，SD=0.73）及高中组（M=3.55，SD=0.81）间存在显著差异（p=0.004，95% CI：0.04~0.26）；在“对英语教学方法的理解”上，初中组（M=3.71，SD=0.72）及高中组（M=3.54，SD=0.80）间存在显著差异（p=0.001，95% CI：0.06~0.27），小学组（M=3.72，SD=0.68）及高中组间存在显著差异（p=0.008，95% CI：0.04~0.33）；在“对英语教学评估方式的理解”上，初中组（M=3.67，SD=0.74）及高中组（M=3.51，SD=0.80）间存在显著差异（p=0.002，95% CI：0.05~0.26）；在“对师生角色的理解”上，初中组（M=3.72，SD=0.74）及高中组（M=3.54，SD=0.83）间存在显著差异（p=0.001，95% CI：0.06~0.28）。

4.10 中小学英语教师在与课堂构建的微系统的互动中其信念的组间差异性分析

中小学英语教师在与课堂构建的微系统的互动中，其信念的组间差异性分析如下表 4.20—4.22 所示。

表 4.20　方差齐性检验

	Levene 统计量	df1	df2	显著性
对英语课程设计的理解	10.480	2	2077	.000
对英语教学方法的理解	15.671	2	2077	.000
对英语教学评估方式的理解	20.316	2	2077	.000
对英语教学资源的理解	16.068	2	2077	.000
对师生角色的理解	13.121	2	2077	.000

表 4.21　均值相等性的键壮性检验

		统计量 a	df1	df2	显著性
对英语课程设计的理解	Welch	5.005	2	487.236	.007
	Brown-Forsythe	5.460	2	772.649	.004
对英语教学方法的理解	Welch	6.882	2	481.073	.001
	Brown-Forsythe	7.361	2	761.183	.001

（待续）

（续表）

		统计量 a	df1	df2	显著性
对英语教学评估方式的理解	Welch	7.307	2	493.641	.001
	Brown-Forsythe	8.856	2	789.693	.000
对英语教学资源的理解	Welch	4.724	2	481.667	.009
	Brown-Forsythe	5.458	2	767.223	.004
对师生角色的理解	Welch	5.696	2	487.080	.004
	Brown-Forsythe	5.947	2	776.948	.003

a. 渐近 F 分布。

表 4.22　多重比较

Games–Howell

因变量			均值差 (I–J)	标准误	显著性	95% 置信区间	
						下限	上限
对英语课程设计的理解	小学	初中	–.063	.045	.350	–.17	.04
		高中	.062	.056	.512	–.07	.19
	初中	小学	.063	.045	.350	–.04	.17
		高中	.124*	.041	.007	.03	.22
	高中	小学	–.062	.056	.512	–.19	.07
		初中	–.124*	.041	.007	–.22	–.03
对英语教学方法的理解	小学	初中	–.088	.046	.139	–.20	.02
		高中	.056	.057	.590	–.08	.19
	初中	小学	.088	.046	.139	–.02	.20
		高中	.144*	.042	.002	.05	.24
	高中	小学	–.056	.057	.590	–.19	.08
		初中	–.144*	.042	.002	–.24	–.05

（待续）

（续表）

Games–Howell							
因变量			均值差 (I–J)	标准误	显著性	95% 置信区间	
						下限	上限
对英语教学评估方式的理解	小学	初中	–.054	.044	.440	–.16	.05
		高中	.115	.057	.111	–.02	.25
	初中	小学	.054	.044	.440	–.05	.16
		高中	.169*	.045	.001	.06	.27
	高中	小学	–.115	.057	.111	–.25	.02
		初中	–.169*	.045	.001	–.27	–.06
对英语教学资源的理解	小学	初中	–.017	.046	.927	–.13	.09
		高中	.117	.059	.115	–.02	.25
	初中	小学	.017	.046	.927	–.09	.13
		高中	.134*	.044	.006	.03	.24
	高中	小学	–.117	.059	.115	–.25	.02
		初中	–.134*	.044	.006	–.24	–.03
对师生角色的理解	小学	初中	–.103	.046	.068	–.21	.01
		高中	.020	.058	.936	–.12	.16
	初中	小学	.103	.046	.068	–.01	.21
		高中	.123*	.043	.012	.02	.22
	高中	小学	–.020	.058	.936	–.16	.12
		初中	–.123*	.043	.012	–.22	–.02

*. 均值差的显著性水平为 0.05。

在中小学英语教师信念与课堂构建的微系统的互动中，表 4.21 显示英语教师信念在“对英语课程设计的理解”“对英语教学方法的理解”“对英语教学评估方式的理解”“对英语教学资源的理解”以及“对师生角色的理解”上均具有显著的组间差异。表 4.22 的多重比较结果表明，在“对英语课程设计的理解”上，初中组（M=3.90，SD=0.67）及高中组

（M=3.77，SD=0.72）间存在显著差异（p=0.007，95% CI：0.03~0.22）；在“对英语教学方法的理解”上，初中组（M=3.89，SD=0.66）及高中组（M=3.75，SD=0.74）间存在显著差异（p=0.002，95% CI：0.05~0.24）；在“对英语教学评估方式的理解”上，初中组（M=3.83，SD=0.69）及高中组（M=3.66，SD=0.80）间存在显著差异（p=0.001，95% CI：0.06~0.27）；在“对英语教学资源的理解”上，初中组（M=3.86，SD=0.68）及高中组（M=3.73，SD=0.77）间存在显著差异（p=0.006，95% CI：0.03~0.24）；在“对师生角色的理解”上，初中组（M=3.90，SD=0.69）及高中组（M=3.78，SD=0.75）间存在显著差异（p=0.012，95% CI：0.02~0.22）。

4.11　小结

研究者从中小学英语教师在与各生态系统互动中的教师信念发展特点、中小学英语教师的教师信念在各生态系统中的发展特点、中小学英语教师在与生态系统互动中其信念的组间差异性分析等方面呈现了研究结果，本研究发现：

（1）各系统对各类教师的教师信念发展均有一定程度的影响，对初中英语教师的信念影响最大，对高中英语教师的信念影响最小。

（2）校内教研组构建的中间系统对中小学英语教师信念的影响最小，专家团队构建的外系统对中小学英语教师信念的影响最大且组间差异较小，表明专家团队构建的外系统对中小学英语教师信念的影响较普遍。

（3）课堂构建的微系统对初中英语教师信念的影响大于对高中英语教师信念的影响，且初高中组间在教师信念的五个维度上均差异显著。

（4）中小学英语教师信念在与现行教育体制构建的大系统的互动中，初中和高中组在“对英语课程设计的理解”和“对英语教学评估方式的理解”上具有显著差异。中小学英语教师信念在与专家团队构建的外系统的互动中，初中组和高中组在“对英语教学评估方式的理解”上具有显著差异。中小学英语教师信念在与校内教研组构建的中间系统的互动中，初中组和高中组在“对英语课程设计的理解”“对英语教学方法的理解”“对英语教学评估方式的理解”和“对师生角色的理解”上具有显著差异；小学组和高中组在“对英语教学方法的理解”上也具有显著差异。

中小学英语教师信念在与课堂构建的微系统的互动中，初中组和高中组在“对英语课程设计的理解”“对英语教学方法的理解”“对英语教学评估方式的理解”“对英语教学资源的理解”以及“对师生角色的理解”上均具有显著差异。

第五章　生态学理论视角下中国中小学英语教师信念发展轨迹及影响因素

5.1　中小学英语教师在与生态系统的积极互动中的信念发展轨迹及一般规律

从总体上看，中小学英语教师在与各个生态子系统互动中，其教师信念均发生了不同程度的改变。从生态学理论视角出发，我们可以发现，中小学英语教师与其所处周围环境是一种复杂的动态发展关系，正是在这样的关系之下，中小学英语教师的信念发展呈现出了复杂性和多样性的特点。

从教师信念的五个维度来看，中小学英语教师在与生态系统互动中，在英语课程设计、教学方法和师生角色这三个维度的信念发展变化最大，从而也说明这三个方面是中小学英语教师在与生态系统互动中，最容易发生变化的信念内容。教师教育信念由多个部分共同构成，这些构成要素共同作用于教师的教育信念。而且，不同信念在强度上也存在着差异，有着中心信念与边缘信念之分（许纯洁，2020）。从本研究的研究结果来看，中小学英语教师在与生态系统互动中，其教师信念的五个维度发生了不同强度的变化。因为越处于中心的教师信念越难发生改变（谢翌，2006），因此，本研究中变化最大的英语课程设计、教学方法和师生角色三个维度应该是处于中小学英语教师信念的边缘信念，而变化较小的评估方式和教学资源则是处于中小学英语教师信念的中心信念。

从生态系统的四个子系统来看，中小学英语教师在与各个子系统的互动中，其信念发展呈现出不同的特点。例如，中小学英语教师在与现行教育体制构建的大系统的互动中，对师生角色的理解变化最大；在与专家团队构建的外系统的互动中，对英语教学方法的理解变化最大；在与校内教研组构建的中间系统的互动中，对英语教学方法的理解和对师生角色的理解变化最大；在与课堂构建的微系统的互动中，对英语课程设计的理解和对师生角色的理解变化最大。造成这种结果的原因是中小学英语教师在与各个子系统的互动中，具有各自不同的互动特点，或者说各个子系统对中小学英语教师信念影响的驱动力各不相同，这就造成了不同的生态子系统对中小学英语教师信念的不同维度产生了各自不同强度的影响。这也再次说明了教师信念是一个复杂、动态、多元的开放体系（解冰等，2018）。

从三类不同学段的英语教师来看，中小学英语教师在与各个生态子系统的互动中，其信念发展呈现出明显的差异性。小学英语教师在与现行教育体制构建的大系统的互动和在与课堂构建的微系统的互动中，其对英语教学资源的理解变化最大；在与专家团队构建的外系统的互动和与校内教研组构建的中间系统的互动中，对英语教学方法的理解变化最大。初中和高中英语教师在与现行教育体制构建的大系统的互动中，均对于师生角色的理解变化最大。初中英语教师在与专家团队构建的外系统的互动中，对英语课程设计的理解、对英语教学方法的理解和对师生角色的理解的变化都很大；在与校内教研组构建的中间系统的互动中，对师生角色的理解变化最大；在与课堂构建的微系统的互动中，对英语课程设计的理解和对师生角色的理解变化最大。高中英语教师在与专家团队构建的外系统的互动和与校内教研组构建的中间系统的互动中，对英语教学资源的理解变化最大；在与课堂构建的微系统的互动中，对师生角色的理解变化最大。许多研究者用同化和顺应来解释教师信念的改变（王慧霞，2008）。比如，在本研究中，三类不同学段的英语教师在与各个生态子系统的互动中，会把新信息吸收到已有信念系统之中，从而完成同化的过程；或者在新信息不能被已有信念结构同化的情况下，已有信念会被替换或重组，从而形成顺应的过程。同化和顺应过程都会导致信念的改变，但是后者的改变更加剧烈（王慧霞，2008）。正是因为三类不同学段英语教师各自所处的生态系统和所教授的学生英语学情有所差异，造成了其各自教师信念同化和顺应的程度不同，从而导致了三类不同学段英语教师在与各个生态子系统的互动中，其信念发展所呈现出来的各自的差异性。

5.2 中小学英语教师信念影响因素分析

中小学英语教师信念发展之所以具有复杂性和多样性的特点，其中最主要的一个原因是其影响因素众多。前文提到外语教师信念受到外部和内部双重因素的影响（Borg，2003；张凤娟、刘永兵，2011 等），本研究中所聚焦的生态系统的四个子系统主要是从影响中小学英语教师信念的外部环境因素出发，来探究其信念发展的特点，因此，本书在此只从中小学英语教师信念外部影响因素角度展开分析和讨论。根据研究结果，我们可以发现，本研究印证了 Borg（2003）及 Zhang 和 Liu（2014）等人的研究结果，表明外部环境因素对教师信念的发展具有重要影响。

Bronfenbrenner（1993）的生态系统框架体现了我国中小学英语教师所处的外部环境因素特点，即各个外部环境因素之间紧密相连，相互交织交融，共同作用于教师的信念发展变化。本研究的结果表明，专家团队构建的外系统对中小学英语教师的信念发展影响最大，校内教研组构建的中间系统对中小学英语教师的信念发展影响最小，这也说明在整个外部环境因素中，专家团队构建的外系统对中小学英语教师信念发展所产生的重要影响。同时也表明校内教研组构建的中间系统并没有充分发挥出其应有的作用，仍然是处于“浅层次”的状态，对教师的专业成长没有多大的促进作用，需要我们深入挖掘造成这一现象的原因，不断为教研组活动选择好载体和抓手，让教研组活动有扎扎实实的需要研究的问题，这样才能从“浅层次”的教研组活动中走出来，让教研组活动为教师专业成长提供扎实有效的帮助（吴维煊，2019），使得校内教研组构建的中间系统最大限度发挥出其对教师信念的影响作用。

我们在分析外部环境因素对中小学英语教师信念产生影响的同时，从研究结果中也可以看到教师信念对外部环境因素的影响，特别是中小学英语教师信念对校内教研组构建的中间系统以及对课堂构建的微系统的影响。例如，玉兰通过观看一位同事的课，学习了如何在课堂中进行有效的小组分组，她认为这是一种非常有效的课堂组织形式。我们从玉兰的角度来看，她在与校内教研组构建的中间系统的互动中，对英语教学方法的理解产生了一定的变化。如果我们从玉兰的同事角度来看，这位教师的教学信念带动了教研组内其他教师的信念发生转变，从而对整个教研组的生态环境产生了影响。再比如，百合在与课堂构建的微系统的互动中，学生的表现促使她对课堂中进行表演这一教学方法有了新的认识。而反过来，这一新的认识又促使百合在以后的教学中多次尝试使用了这一教学方法，从而也使得教师信念对课堂构建的微系统产生了一定的影响。因此，上述分析也说明了教师信念与其外部环境影响因素之间的双路径互动关系。

第六章　结论

6.1　研究发现

本研究基于 Bronfenbrenner（1993）的生态系统理论框架，探究中小学英语教师信念的发展特点及其轨迹。研究者采用混合研究方法，通过分析 2080 份调查问卷以及六名个案研究参与者的深度访谈、课堂观察、教师反思日志等数据，最终得出以下主要研究发现：

（1）中小学英语教师认为在与现行教育体制构建的大系统的互动中，他们对英语教学评估方式的理解变化最小，对师生角色的理解变化最大。其中，小学英语教师认为，他们对英语教学资源的理解变化最大；初中和高中英语教师均认为，他们对师生角色的理解变化最大。具体而言，小学英语教师在与现行教育体制构建的大系统的互动中，逐渐加深了对英语课程设计和英语教学方法的理解，例如，对单元教学有了很深刻的理解，对关注学生、顺应时代变化、培养学生能力、体现育人目标、关注学生学习过程与输出、培养学生思维、教学多样化等内容有了深入的认识，个别教师对评价角度的转变有了深刻的体会。但从整体来看，小学英语教师并未谈到在英语教学评估方式上的深刻理解，对教学资源的理解特别是对待教学资源的态度有了改变，对学生角色有了更为深刻的理解。初中英语教师在与现行教育体制构建的大系统的互动中，对文本解读、单元整体教学有了更加深入的理解；更加关注学生和实现育人目标，对评估方式的多元化以及考试的反拨作用有了新的认识；更关注学生知识体系的构建以及思维的发展，对教学资源的丰富以及多模态教学资源的特点有了更加深入的理解；在师生角色的理解上，更加认识到学生作为学习者的主体地位以及教师作为引领者的主导作用。高中英语教师在与现行教育体制构建的大系统的互动中，在英语课程设计中认识到课程设计要不局限于教材，在开展课程设计中更加注重开发校本新课程，并更加关注词汇和写作教学的课程设计；并且更关注学生，对开展项目式教学、深入挖掘文本以及注重学生思维培养和核心素养发展等方面的教学方法有了更加深入的思考；同时对英语教学评估方式的理解有了新的变化，摈弃唯分数论，更加关注形成性评价；认识到教学资源的丰富，并且体会到教学资源的利用率增加了，课外阅读材料也增多了；认识到了在师生角色中，学生要发挥主体作用，教师要发挥引导者的作用，学生是主角、是主人、是主体。

（2）中小学英语教师认为在与专家团队构建的外系统的互动中，他们对英语教学评估方式的理解变化最小，对英语教学方法的理解变化最大。其中，小学英语教师认为，他们对英语教学方法的理解变化最大；初中英语教师认为，他们对英语课程设计的理解、对英语教学方法的理解和对师生角色的理解的变化都很大；高中英语教师认为，他们对英语教学资源的理解变化最大。具体而言，小学英语教师在与专家团队构建的外系统的互动中，对单元教学的理解更加深入；对专家团队构建的外系统所给予的教学方法方面的宏观理念指导体会最为深刻，对教学方法的理解有了明显的改变，特别是在创造情境让学生进行真实的、有意义的交流，以及放手给学生更多的机会，让学生参与小组合作等方面有了更加深入的理解；对持续默读（SSR）和合作拼图（Jigsaw Reading）等阅读教学方法有了深刻的认识，并且对阅读教学目标的认识发生了巨大的变化；对教学效果可检测这一方面认识最为深刻；对要善于运用教学资源这一内容体会最深；对师生角色有了深刻的认识，认识到教师应是“放风筝”、让学生在天空中自由飞翔的引导者；认识到了教师作为研究者的身份，以及教师要不断提升教师素质，增强教师使命感。初中英语教师在与专家团队构建的外系统的互动中，对文本解读和学情分析的理解更加深入；对单元整体教学以及探究主题意义有了深刻的认识；对基于英语学习活动观开展教学和无痕教学的落实与体现等内容有了更为深刻的理解，认识到教学活动需要更加关注多样化和趣味性，问题设置需要更加注重层次性；加深了对于教学评价重要性的认识以及教学评价具体操作方法和效果的认识；对多元评价、过程性评价、教学评一体化、分层评价等内容有了更加深入的理解；对利用多媒体和互联网等多种资源来开展教学有了深刻的认识，能够有意识地去寻找与教材话题相关的补充资源，并且补充资源的形式更加多样化；意识到了以教师为中心的教学所存在的弊端，敢于放手让学生进行自主探究，认识到了学生作为主角、主人和主体的角色地位。高中英语教师在与专家团队构建的外系统的互动中，对英语课程设计的理解更加深入，从理念上提升了高度，特别是对文本分析和阅读教学设计有了更加全面的认识；对课程设计的落实贴近高中英语新课标有了更深刻的理解；对改变传统英语教学方法的认识有了更加深入的思考；对小组活动的意义有了更深入的理解，加深了对教学的认识，教学方向更加明晰，更加关注理论与实践相结合，开始尝试采用先进的教学理念及方法，注重学生语用能力的培养；认识到了小组互评对于学生内化知识的重要性，认识到了形成性评价的重要性以及在教学中落实教学评一体化的重要价值；对多模态教学材料的使用、利用资源拓展课堂、资源的选择以及整合等内容有了更加深入的理解；对教师的引导作用、发挥好脚手架（Scaffolding）作用的重要性以及敢于放手、给予学生更多的机会、把课堂还给学生的理念更加深入了；更加认识到了学生作为主人和主体的角色和地位。

（3）中小学英语教师认为在与校内教研组构建的中间系统的互动中，他们对英语教学评估方式的理解变化最小，对英语教学方法的理解和对师生角色的理解变化最大。其中，小学英语教师认为，他们对英语教学方法的理解变化最大；初中英语教师认为，他们对师生角色的理解变化最大；高中英语教师认为，他们对英语教学资源的理解变化最大。具体而言，小学英语教师在与校内教研组构建的中间系统的互动中，对单元教学和如何进行有效的课堂提问有了更加深入的理解；认识到了教学方法创新发展的重要性，认识到了要不断开拓教学思路，教学方法要与时俱进，通过教师之间的合作交流，在教学中做到理论与实践相结合；深刻认识到了形成性评价的重要性；对善于运用多媒体来开展教学有了更加深入的理解；对教师角色的理解更加深入了，加深了对于教师教学反思和提升教师专业发展水平的认识，认识到教师要作为研究者，不断提升自己的研究意识。初中英语教师在与校内教研组构建的中间系统的互动中，加深了基于文本解读开展教学设计的认识，同时对于基于情境进行导入和单元整体教学有了更深入的理解；更加注重学生课堂的生成；并且更加重视课外阅读，创新提升教学方法，尝试使用了阅读圈（Reading Circles）这一新的教学方法；更加关注对于学生课堂学习效果的检测，深刻认识到采用多元化评价方式的重要性；对如何利用好资源有了更加深入的体会；加深了对一切以学生为本，突出学生在课堂中的主体地位以及以学生为主体来开展教学活动的认识。高中英语教师在与校内教研组构建的中间系统的互动中，加深了对于文本解读、教学重、难点以及学情分析的理解；对单元教学有了更加深入的理解；加深了对于小组分组形式的理解；对创新发展教学方法有了新的认识；在英语教学评估方式上并未产生深刻的理念变化；对如何更好地利用多媒体有了深刻的理解；加深了对学生是课堂的主体、要发挥学生的主体作用等理念的认识。

（4）中小学英语教师认为在与课堂构建的微系统的互动中，他们对英语教学评估方式的理解变化最小，对英语课程设计的理解和对师生角色的理解变化最大。其中，小学英语教师认为，他们对英语教学资源的理解变化最大；初中英语教师认为，他们对英语课程设计的理解和对师生角色的理解变化最大；高中英语教师认为，他们对师生角色的理解变化最大。具体而言，小学英语教师在与课堂构建的微系统的互动中，对课程设计的深度与广度有了更加深入的理解；更加聚焦学生学习，关注学生的身心发展，对针对不同语言层次的学生给予不同的任务有了更加深入的理解；对英语教学评估上不只看成绩这一点认识最为深刻；同时对评价方式的多元化以及根据学生的课堂表现来制定相应的评价标准有了新的认识；对充分利用课外资源有了更深入的体会；对教师的引导作用以及学生的主体地位有了更深入的认识，加深了对教师作为辅助者以及引导者等角色的认识，同时意识到教师要在教学中不断进行教学反思，要对学生起到良好的示范作用。初中英语教师在与课堂构建的微系统的互动中，对灵活处理教材进行课程设计有了更深入的理解；关注到需结合学生的反馈，对文本进行更加深入地解读；同时对针对具体教学设计采取相应的教学方法有了更深入的理解，认识到要基于主题意义创设语言情境，要分层布置作业，通过相应的教学方法激发学生的英语学习兴趣与动机，教学方法要多样化，要形成良好的课堂氛围，可以采用任务型语言教学，教学活动要围绕学生实际生活进行设计，围绕主题和主线进行开展；在备课过程中，需更加关注学生的实际身心发展特点，关注到了学生的个体差异，开始采用分层指导的教学方式；同时更加注重师生互动，给学生营造宽松的学习环境，并且对采用学生进行课堂表演这一教学方法有了全新的认识；对具体的英语教学评估方式有了更深入的理解；对丰富的教学资源有了新的认识，例如对要善于运用现代化的资源手段，找到合理合适的资源，多为学生提供原汁原味的教学资料等有了更加深入的理解；充分认识到学生是课堂的主体，要以学生为主体，一切以学生为本，以学生为中心，为学生服务。高中英语教师在与课堂构建的微系统的互动中，对课程内容进行具体设计的理解更加深刻；认识到教学内容要不断更新，在进行课程设计时要考虑课程容量，要注重课外拓展；对关注学生有了更加深入的体会，认识到要从学生出发，设计相应的教学活动，要发挥学生的主观能动性，关注学生的需求与发展，教学活动要符合学生的语言水平，可以通过思维导图等方式来培养学生的思维能力；要充分发挥学生的创造力和想象力，教学方法要根据学情不断变化，随着学生的反应来及时调整自己的教学方法；认识到给学生机会去探索，教师会有出乎意料的收获；对评估角度有了更深入的理解，认识到评价方式要多元化，但同时也要考虑贴近考试的要求；但并未在英语教学资源上产生深刻的理念变化；意识到教师在教学中作为引导者，发挥支架作用的重要性，同时认识到课堂要以学生为主，更加关注学生的主体地位。

（5）各系统对各类教师的教师信念发展均有一定程度的影响，其中，对初中英语教师的信念影响最大，对高中英语教师的信念影响最小。

（6）校内教研组构建的中间系统对中小学英语教师信念的影响最小，专家团队构建的外系统对中小学英语教师信念的影响最大且组间差异较小。

最后，基于以上研究发现，本研究深入探讨了中小学英语教师在与生态系统积极互动中的信念发展轨迹及一般规律，并对中小学英语教师信念影响因素进行了深入分析。

6.2 研究创新和贡献

本研究在研究视角、研究内容和研究方法等方面对我国外语教师教育和教师专业发展领域做出了一定的贡献和创新。

首先，在研究视角方面，本研究从生态学视角探究中国中小学英语教师信念发展问题，是对外语教师信念研究视角的全新补充。从生态学视角出发，可以更全面地探究我国中小学英语教师信念与教师所处外部生态环境之间的密切发展关系，从而得到更加详尽的研究结果。

其次，在研究内容方面，本书的研究内容更加多元化，在探究中小学英语教师信念在与各个生态系统互动中的发展特点的同时，也从双路径分别分析了中小学英语教师信念对各个生态系统的影响以及各个生态系统对中小学英语教师信念的影响，并对不同学段英语教师在与各个生态系统互动中的信念发展特点进行了对比和分析。

最后，在研究方法方面，本研究采用历时研究方法来探究中小学英语教师信念的发展轨迹，可以更深入、全面地描述我国外语教师的信念发展特点及一般规律，从而丰富我国外语教师教育领域的研究成果。

6.3 研究启示

本研究从生态学理论视角出发，探究了中国中小学英语教师信念发展特点。研究结果对中小学在职英语教师专业发展具有重要启示。教师所处的整个生态系统，也就是教师的专业发展环境，是教师的生活世界（Barkhuizen，2008）。因此，现行教育体制构建的大系统应充分发挥其引领作用，专家团队构建的外系统应充分发挥其指导作用，校内教研组构建的中间系统应充分发挥其专业学习共同体作用，课堂构建的微系统应充分发挥其内部机制作用，从而创建更加适宜教师生存和发展的生态环境。

同时本研究发现，在与整个生态系统互动中，中小学英语教师对英语教学评估方式的理解变化最小，因此，相关培训部门应加强中小学在职英语教师对于教学评估方式的培训，提升中小学英语教师的教学评价素养，保障教、学、评一体化的有效实施。最后需要强调的是，教师个人的主观能动性是教师终身发展的必要前提和根本动力源（文秋芳，2019），教师信念的改变首先取决于教师自身是否有想改变的动机和愿望（张凤娟、刘永兵，2011）。中小学英语教师应积极与整个生态系统进行良性互动，促进自身的信念发展，进而带动其教学行为的改变，从而不断提升自身教师专业发展水平和整体教学质量。

6.4　研究局限性

本研究尝试从生态学视角探究中国中小学英语教师信念发展的特点及其规律，但是由于研究者初次参照 Bronfenbrenner（1993）的生态系统理论框架展开分析，所以难免对于生态系统各个子系统与中小学英语教师信念的互动关系的挖掘还不够充分。例如，本研究对于各个生态系统对中小学英语教师信念的影响进行了比较深入的探究，但对于中小学英语教师信念对各个生态系统的影响的分析还不够深入。此外，本研究只从北京和山东等地邀请了六名个案研究参与者，所以所收集到的深度访谈、课堂观察及教师反思日志还不够丰富。

因此，对于后续研究，笔者建议，在个案研究参与者方面，可以从中国多个区域进行选择。在研究方法方面，可继续开展历时研究，追踪中国中小学英语教师信念的动态发展变化。此外，在研究内容方面，未来研究可从双路径，更加深入地探究教师信念与其影响因素的相互关系。

参考文献

Barcelos, A. M. F. & Kalaja, P. 2011. Introduction to beliefs about SLA revisited. *System*, 39 (3), 281-289.

Barkhuizen, G. 2008. A narrative approach to exploring context in language teaching. *ELT Journal*, 62 (3), 231-239.

Bogdon, R. C. & Biklen, S. K. 1992. *Qualitative Research for Education: An Introduction to Theory and Methods*. Boston, MA: Allyn &Bacon.

Borg, S. 2003. Teacher cognition in language teaching: A review of research on what language teachers think, know, believe, and do. *Language Teaching*, 36 (2), 81-109.

Borg, S. 2011. The impact of in-service teacher education on language teachers' beliefs. *System*, 39 (3), 370-380.

Bronfenbrenner, U. 1993. The ecology of cognitive development: Research models and fugitive findings. In R. H. Wozniak & K. W. Fischer (Eds.), *Development in Context: Acting and Thinking in Specific Environments* (pp. 3-44). Hillsdale: Lawrence Erlbaum Associates.

Brown, A. V. 2009. Students' and teachers' perceptions of effective foreign language teaching: A comparison of ideals. *The Modern Language Journal*, 93 (1), 46-60.

Burns, A. 1992. Teacher beliefs and their influence on classroom practice. *Prospect*, 7 (3): 56-66.

Busch, D. 2010. Pre-service teacher beliefs about language learning: The second language acquisition course as an agent for change. *Language Teaching Research*, 14 (3), 318-337.

Cabaroglu, N. & Roberts, J. 2000. Development in student teachers' pre-existing beliefs during a 1-year PGCE programme. *System*, 28 (3), 387-402.

Creswell, J. W. 2007. *Qualitative Inquiry & Research Design: Choosing among Five Traditions*. Thousand Oaks, CA: Sage publications.

Cross, D. I. & Hong, J. Y. 2012. An ecological examination of teachers' emotions in the school context. *Teaching and Teacher Education*, 28, 957-967.

Farrell, T. S. C. & Kun, S. T. K. 2007. Language policy, language teachers' beliefs and classroom practices. *Applied Linguistics*, 29 (3), 381-403.

Gao, X. & Xu, H. 2014. The dilemma of being English language teachers: Interpreting teachers' motivation to teach, and professional commitment in China's hinterland regions. *Language Teaching Research*, 18 (2), 152-168.

Hawley, A. H. 1950. *Human Ecology: A Theory of Community Structure*. New York: Ronald press Co.

Hwang, H. 2014. The influence of the ecological contexts of teacher education on South Korean teacher educators' professional development. *Teaching and Teacher Education*, 43, 1-14.

Johnson, K. E. 2006. The sociocultural turn and its challenges for second language teacher education. *TESOL Quarterly*, 40 (1), 235-257.

Kagan, D. M. 1992. Professional growth among preservice and beginning teachers. *Review of Educational Research*, 62 (2), 129-169.

Kramsch, C. & Steffensen, S. V. 2008. Ecological perspectives on second language acquisition and socialization. In P. A. Duff & N. H. Hornberger (Eds.), *Encyclopedia of Language and Education* (2nd ed., Vol. 8) (pp.17-28). Boston: Springer.

Lee, I. 2009. Ten mismatches between teachers' beliefs and written feedback practice. *ELT Journal*, 63 (1), 13-22.

Moustakas, C. 1994. *Phenomenological Research Methods*. Thousand Oaks, CA: Sage Publications.

Nunan, D. 2003. The impact of English as a global language on educational policies and practices in the Asian-Pacific Region. *TESOL Quarterly*, 37, 589-613.

Orafi, S. M. S. & Borg, S. 2009. Intensions and realities in implementing communicative curriculum reform. *System*, 37 (2), 243-253.

Phipps, S. & Borg, S. 2009. Exploring tensions between teachers' grammar teaching beliefs and practices. *System*, 37 (3). 380-390.

Zhang, F. & Liu, Y. 2014. A study of secondary school English teachers' beliefs in the context of curriculum reform in China. *Language Teaching Research*, 18 (2), 187-204.

埃文・塞德曼著，周海涛译，2009，《质性研究中的访谈：教育与社会科学研究者指南》。重庆：重庆大学出版社。

陈冰冰、陈坚林，2008，大学英语教学改革环境下教师信念研究（之二）——“基于计算机和课堂的英语多媒体教学模式”的认知与实际课堂教学情况分析，《外语电化教学》（4），11-15。

陈红、郭春宁，2009，Blended Learning 模式下的大学英语教师教学信念研究，《中国电化教育》（12），101-104。

陈向明，2000，《质的研究方法与社会科学研究》。北京：教育科学出版社。

陈艳清，2006，超越教学：高校英语教师的教师信念及其专业发展过程检视，重庆：西南大学。

崔淑婷，2014，英语教育硕士研究生教师信念调查研究，济南：山东师范大学。

储娟，2015，教育实习对英语教育硕士教师信念的影响研究，武汉：华中师范大学。

戴炜栋、王雪梅，2011，信息化环境中外语教师专业发展的内涵与路径研究，《外语电化教学》（6），8-13。

丁仁仑，2014，大学英语教师信念系统研究，上海：上海外国语大学。

窦岩，2015，大学外语教师的教师信念与教学行为研究，《外语教学理论与实践》（3），42-48。

段慧茹，2018，教育生态视域下的高校外语教师专业发展探究，《太原城市职业技术学院学报》（1），40-43。

高强、刘琳，2013，大学英语教师听力教学信念及其与教学实践关系探究，《外语界》（2），33-41。

高强、秦俊红，2010，大学英语教师语法教学信念与课堂教学实践关系探究，《外语教学理论与实践》(3)，50-56。

顾佩娅、陶伟、古海波、金琳，2016，外语教师专业发展环境研究综述，《外语教学与研究》(1)，99-108。

黄敏、Bond, F.，2018，大学英语自主学习：教师信念与教师行为的视角，《外语教学理论与实践》(2)，57-64。

江淑燕，2014，英语职前教师实习前后教学信念发展，长春：东北师范大学。

荆莉，2013，英语教师信念对以学生为中心的教学影响研究——以河北省邯郸市初中英语教师为例，上海：上海外国语大学。

李晓兰，2018，教育生态学视域下的中学英语教师专业发展现状及问题研究——以XY市为例，徐州：江苏师范大学。

李文俊，2015，英语教师专业发展的生态学分析，《天津中德职业技术学院学报》(12)，123-124。

李雪，2016，大学英语教师阅读教学信念与教学实践研究，长春：吉林大学。

李艳，2011，高中英语教师语法教学信念与教学行为的关系研究，济南：山东师范大学。

刘彬，2018，教育生态学视域下的高校英语教师角色研究，《黑龙江教育学院学报》(8)，33-35。

刘熠、许宏晨，2018，高校英语教师对于学习者自主学习的信念研究，《外语与外语教学》(1)，92-100/149。

龙美如、解冰，2019，中学专家型英语教师信念个案研究，《基础外语教育》(4)，31-39/105。

楼荷英、寮菲，2005，大学英语教师的教学信念与教学行为的关系——定性与定量分析研究，《外语教学与研究》(4)，271-275。

潘婷，2017，高中英语教师语法教学信念与教学行为关系的个案研究，成都：四川师范大学。

彭剑娥，2015，外语教师发展研究的生态学视角，《语言教育》(4)，37-42。

覃成强，2007，论英语教师的教学信念与课堂教学实践的关系——一项基于认知调查和课堂观察的研究，《外语教学》(5)，40-44。
宋改敏，2011，《教师专业成长的学校生态环境》。重庆：重庆大学出版社。
宋改敏、陈向明，2009，教师专业成长研究的生态学转向，《现代教育管理》(7)，49-52。
孙强、张军、周岚，2016，认知与社会文化理论视阈下国外语言教师教学信念研究述评，《中国外语教育》(3)，67-78。
王飞飞，2009，中国外语教师信念研究，济南：山东大学。
王慧霞，2008，国外关于教师信念问题的研究综述，《宁波大学学报(教育科学版)》(5)，61-65。
王建军，2004，课程变革与教师专业发展，成都：四川教育出版社。
王凯，2018，教育生态学视域下的大学英语教师专业发展问题之分析，《佳木斯职业学院学报》(1)，241/243。
王思豫，2019，教育生态学视域下高校英语教师专业发展的策略，《西部素质教育》(7)，18-20。
王伟廉，1999，试论高等教育改革与发展的跨学科研究，《教育发展研究》(2) 21-24/28。
王亚男，2016，高中英语教师语法教学信念与教学行为的一致性研究，临汾：山西师范大学。
文秋芳，2019，外语“金课”与“金牌外语教师团队”，《外语教育研究前沿》(4)，3-10。
吴维煊，2019，中小学教研组活动要从“浅层次”中走出来，《江苏教育报》(3)，1。
夏纪梅，2000，影响大学英语教学质量的相关因素，《外语界》(4)，2-6。
夏纪梅，2002，大学英语教师的外语教育观念、知识、能力、科研现状与进修情况调查结果报告，《外语界》(5)，35-41。
项茂英、郑新民、邬易平，2016，国外语言教师信念研究回顾与反思——基于对 6 种应用语言学期刊的统计分析(1990—2014)，《外语界》(1)，79-86/95。
解冰、高瑛、刘永兵，2018，我国英语教师信念研究回顾与评述——基于共词分析的研究，《吉林省教育学院学报》(1)，82-89。

谢翌，2006，教师信念：学校教育中的“幽灵”——一所普通中学的个案研究，长春：东北师范大学。

熊紫薇，2015，一项关于“国培计划”对在职英语教师教学信念影响的质性追踪研究——以重庆市 2013 年初中英语骨干教师置换脱产研修项目为例，重庆：西南大学。

徐浩，2016，《外语教师教育重点问题研究》。北京：外语教学与研究出版社。

徐利，2019，教育生态学视域下的高校英语教师角色研究，《长春师范大学学报》(9)，181-182。

徐泉，2011，高校英语教师信念影响因素研究，武汉：华中师范大学。

许纯洁，2020，我国教师教育信念研究：主题、趋势与反思——基于知识图谱的分析，《当代教育与文化》(1)，74-82。

薛国军，2011，重建教师信念：一位英语教师的自我研究，金华：浙江师范大学。

杨鲁新，2010，高校英语专业教师写作教学信念与教学实践——经验教师个案研究，《外语教学理论与实践》(2)，59-68。

杨鲁新、王素娥、常海潮、盛静，2013，《应用语言学中的质性研究与分析》。北京：外语教学与研究出版社。

应碧燕、洪明，2014，教师信念影响因素——优秀英语教师个案研究，《英语教师》(8)，48-53。

于子帧，2019，优秀大学英语教师信念及其特点的研究，呼和浩特：内蒙古师范大学。

战菊，2010，大学英语教师的叙事分析：信念及其构建，《中国外语》(5)，68-76。

张凤娟、刘永兵，2011，影响中学英语教师信念的多因素分析，《外语教学与研究》(3)，400-408。

张杰、兰晶，2015，大学英语教师信念与其专业发展探析，《亚太教育》(16)，87-88。

张莲，2008，外语教师教育研究方法：回顾与展望，《外语教学理论与实践》(3)，48-54。

张培，2013，理论欲求与混合方法设计，《中国外语》(2)，90-93。

张庆宗、吴喜艳、胡雪飞，2015，“国培计划”顶岗实习对英语师范生教师信念影响的研究，《外国语文研究》(4)，75-86。

郑新民，2004，教师信念对英语课堂教学的影响，《中小学外语教学》(5)。

郑新民、蒋群英，2005，大学英语教学改革中“教师信念”问题的研究，《外语界》(6)，16-22。

中华人民共和国教育部，2018，《普通高中英语课程标准（2017 年版）》。北京：人民教育出版社。

周兵红，2018，高中英语教师教学信念与教学行为现状调查研究，《基础外语教育》(2)，41-45/108。

周恬，2014，高校英语专业教师教学信念现状调查研究，西安：西安外国语大学。

周燕，2008，中国高校英语教师发展模式研究，《外语教学理论与实践》(3)，40-47。

周颖，2012，网络教育生态系统中的英语教师生态位探究，《外语电化教学》(144)，20-25。

朱虹萍，2013，杭州高中新入职英语教师信念影响因素的调查与分析，杭州：浙江工商大学。

朱玲佳、汪军、吴琳、万凯，2015，小学英语教师信念成因分析，《老区建设》(22)，60-61。

朱伟、王跃平，2012，生态取向的教师专业发展的四种路径，《教育理论与实践》(20)，24-27。

朱旭东，2011，《教师专业发展理论研究》。北京：北京师范大学出版社。

附录 1　个案研究参与者同意书

亲爱的老师：

您好！本同意书旨在保证您对本研究的基本信息拥有知情权，以供您决定是否参与本项研究。

本研究的目的是从生态学视角探究中国中小学英语教师的信念发展。您完全可以根据自己的意愿选择是否参与本项研究。

如果您同意参与本项研究，您需要了解以下几点：

1. 本研究需要对您进行访谈、课堂观察并邀请您撰写教师反思日志。其中访谈需要进行录音，此外研究者需要进入您的课堂进行课堂观察并记录您的教学行为和言语。

2. 在此我郑重承诺：研究中的录音资料如有关系到您的个人身份及隐私的内容，我将为您严格保密。您的姓名将用化名代替。

如果您同意签署了这份同意书，但在将来由于任何原因需要退出本项研究，可以与研究者进行商议，研究者完全尊重您的选择。

如果您还有其他疑问，欢迎您随时向研究者询问。如无疑问、并且同意参与研究，请在下面签名确认。本同意书一式两份，一份交由研究者存档，另一份请您妥善保管。

个案研究参与者签名：

研究者：孙晓慧

（北京师范大学外文学院英文系教师）

日期：　　　年　　月　　日

附录 2 生态学理论视角下中国中小学英语教师信念发展研究调查问卷

尊敬的老师：

您好！欢迎您参与本次问卷调查活动！本项调查是教育部项目“生态学理论视角下中国中小学英语教师信念发展研究”的一项重要依据。本调查中的“中小学英语教师信念”主要指教师对于英语课程设计、教学方法、评估方式、教学资源和师生角色等不同维度的信念。答案无好坏对错之分，对外绝对保密，请您放心如实填写。对您的支持表示最衷心的感谢！

一、基本信息

性别 ________ 年龄 ________ 教龄 ________ 所教年级 ________

最高学历 ____________ (A. 大专 B. 本科 C. 硕士 D. 其他)

职称 ____________________________________

二、调查问卷

* 以下五级量表中数字 1—5 表示变化程度，请根据您自己的情况在相应的数字上划圈。

在与生态系统的互动中，教师信念发展的表述	变化巨大	变化较大	变化一般	变化较小	没有变化
➢ **在现行教育体制的影响下**					
1. 我对英语课程设计的理解	5	4	3	2	1
2. 我对英语教学方法的理解	5	4	3	2	1

（待续）

（续表）

在与生态系统的互动中，教师信念发展的表述	变化巨大	变化较大	变化一般	变化较小	没有变化
3. 我对英语教学评估方式的理解	5	4	3	2	1
4. 我对英语教学资源的理解	5	4	3	2	1
5. 我对师生角色的理解	5	4	3	2	1
➢ 在与专家团队的交流中					
6. 我对英语课程设计的理解	5	4	3	2	1
7. 我对英语教学方法的理解	5	4	3	2	1
8. 我对英语教学评估方式的理解	5	4	3	2	1
9. 我对英语教学资源的理解	5	4	3	2	1
10. 我对师生角色的理解	5	4	3	2	1
➢ 在与校内英语教研组教师的互动中					
11. 我对英语课程设计的理解	5	4	3	2	1
12. 我对英语教学方法的理解	5	4	3	2	1
13. 我对英语教学评估方式的理解	5	4	3	2	1
14. 我对英语教学资源的理解	5	4	3	2	1
15. 我对师生角色的理解	5	4	3	2	1
➢ 在课堂教学中					
16. 我对英语课程设计的理解	5	4	3	2	1
17. 我对英语教学方法的理解	5	4	3	2	1
18. 我对英语教学评估方式的理解	5	4	3	2	1
19. 我对英语教学资源的理解	5	4	3	2	1
20. 我对师生角色的理解	5	4	3	2	1

21.（1）在现行教育体制的影响下，您的教学信念是否发生了变化？如果是，有哪些变化？请您写在下方。

____

____

____

（2）在与专家团队的交流中，您的教学信念是否发生了变化？如果是，有哪些变化？请您写在下方。

____

____

____

（3）在与校内英语教研组教师的互动中，您的教学信念是否发生了变化？如果是，有哪些变化？请您写在下方。

____

____

____

（4）在课堂教学中，您的教学信念是否发生了变化？如果是，有哪些变化？请您写在下方。

____

____

____

再次感谢您的合作与帮助！

附录 3　深度访谈提纲

第一轮：受访教师自身教学经历及参加科研项目的背景

1. 请问您是哪一年开始工作的？到目前为止，从事英语教学工作有多少年？

2. 请问您的学历和职称是什么？

3. 请问您是哪一年开始参加这个科研项目的？起初您是出于什么原因参加了这个科研项目呢？

第二轮：受访教师描述在与生态系统各个子系统的互动中所经历的主要事件的过程和细节

1. 我解释一下现行教育体制构建的大系统的含义。接下来请您描述一下您与现行教育体制构建的大系统的互动中，有没有给您留下深刻印象的、对您的教师信念产生影响的事情呢？如果有的话，给我讲讲这些故事，好吗？

2. 我解释一下与专家团队构建的外系统的含义。接下来请您描述一下您与专家团队构建的外系统的互动中，有没有给您留下深刻印象的、对您的教师信念产生影响的事情呢？如果有的话，给我讲讲这些故事，好吗？

3. 我解释一下与校内教研组构建的中间系统的含义。接下来请您描述一下您与校内教研组构建的中间系统的互动中，有没有给您留下深刻印象的、对您的教师信念产生影响的事情呢？如果有的话，给我讲讲这些故事，好吗？

4. 我解释一下与课堂构建的微系统的含义。接下来请您描述一下您与课堂构建的微系统的互动中，有没有给您留下深刻印象的、对您的教师信念产生影响的事情呢？如果有的话，给我讲讲这些故事，好吗？

5. 请您描述一下参加这个科研项目前，您的教师信念是怎样的？

6. 请您描述一下参加这个科研项目以来，您的教师信念是否有什么变化？如果有，请您描述一下给您留下深刻印象的、对您的教师信念产生影响的事情，好吗？

7. 请您描述一下这个科研项目结束之后，您的教师信念是否有什么变化？如果有，请您描述一下给您留下深刻印象的、对您的教师信念产生影响的事情，好吗？

第三轮：受访教师在与生态系统各个子系统的互动中所经历的事件对其个人教师信念的影响

1. 您觉得您与现行教育体制构建的大系统的这种互动经历对您意味着什么？

2. 您觉得您与专家团队构建的外系统的这种互动经历对您意味着什么？

3. 您觉得您与校内教研组构建的中间系统的这种互动经历对您意味着什么？

4. 您觉得与课堂构建的微系统的这种互动经历对您意味着什么？

5. 您对您与现行教育体制构建的大系统的这种互动有什么期望吗？如果有，您希望未来的互动是什么样子的？

6. 您对您与专家团队构建的外系统的这种互动有什么期望吗？如果有，您希望未来的互动是什么样子的？

7. 您对您与校内教研组构建的中间系统的这种互动有什么期望吗？如果有，您希望未来的互动是什么样子的？

8. 您对您与课堂构建的微系统的这种互动有什么期望吗？如果有，您希望未来的互动是什么样子的？

附录 4　深度访谈样本

下面是研究者与某位受访教师所进行的一次访谈内容的部分摘录。

研究者：我们再到第二个生态子系统，就是说在您和专家团队的这种交流合作中，因为您也参加过一些项目是吧？在项目中可能也会接触一些专家，您在和这些专家团队的交流合作的过程中，对您个人的教师信念有没有什么影响？您可以举一些例子。

受访者：行。其实一直在断断续续地参与一些课题，觉得其实一线的老师，虽然可能都是本科的水平，现在还有硕士博士，其实从学历层面来讲，可能比之前要有了一个提升。但是一旦老师进入课堂教学，可能就会把之前在学校里学的或一些理念层次的东西甩到脑后去了。因为他一进教室之后，就很容易针对某个问题跟学生有点纠缠，就很容易陷进去，很难回头再反思一下我之前学的什么，我应该是以什么样的理念来指导，这个好像就很难做到了，并且会在一线纠缠，越陷越深。但是如果现在跟高校合作，像一些课题的高校老师、专家团队，一是比较及时地带来比较新的理念指导，从教学或者别的层面，可能就是在把我们从纠缠的生活中往外拽。就是说你现在里边之后,你还得想着得出来，再回过头来再看看我们到底是在做什么。一是给我们注入新的这种理念，第二就是给我们提醒，再尝试改变一种方式。也许没过一段时间又陷进去了，然后通过一些培训再回来，老师在这个过程当中也在螺旋式地改进自己的教学吧。

研究者：您刚说专家给您注入了一些新的理念，比如什么样的理念，对于哪些方面有影响呢？

受访者： 最开始比如在课堂中，我们从哪方面、怎么引导学生，像课堂设计，如何引导学生去更好地进行真实的有意义的表达。一开始我们设计的框框比较多，我怎么问你怎么答，都在老师的掌控之中，没有关注学生内心真实的想法，他到底敢不敢去那样做，因为不知道学生会说什么。但是现在我们经过一些课题，有专家的指导之后，就觉得学生英语上不是说单纯地学完这几个词，读完这篇课文就可以了，更多的感觉是要把语言真实地有意义地运用。这个可能才是最重要的。

研究者： 这些专家指导对您的教学方法的使用上面有没有什么影响呢？

受访者： 可能现在通过专家的指导，自己想尝试去给学生更多的空间，就是说设计一些较多学生能够参与、学生能够进入其中的一些课堂活动吧。常见的就是各种各样的小组活动，任务型教学当中涉及的一些任务，在小组活动中去完成。老师也想看看学生在这个活动当中，他能做出来什么，具体会怎么样。

研究者： 好的。你们应该有教研组是吧？您和您所在学校的英语教研组的老师们在平时的交流、合作或者是互动过程中，他们对您个人的教师信念方面有没有什么影响呢？您也可以举一些例子。

受访者： 其实平常的教研活动可能形式比较多的，有这种听评课、观摩课，大家听课交流，就是这些。我们平时在一个办公室办公，大家都各忙各的或各上各的课，也不觉得有什么。但大家真正都坐在一块，有老师上课，再坐下去评课的时候，你会发现不同的老师有不同的想法，平时真是感觉不到，是因为大家也不会专门根据你的课去评价你。有这么一个机会的时候，就感觉老师们的想法，哪怕一丁点的，或是对一个小课堂、一个小细节，可能就对自己有一些触动。有的老师平常可能就不是那种爱说的，但是其实每个老师面对教学，多多少少都会有自己思考的，然后大家坐在一块聊肯定就会有些碰撞。

研究者： 比如说最近您能想起来的，别人在听您的课的时候给了您哪些意见或建议，触动您比较深的，能回忆一下吗？有没有？能想起来的？

受访者： 之前有一次上课，我们想通过提问，问题驱动，想让学生更多地去表达。我设计了很多问题，就一直在问，好像就过了，矫枉过正。有老师跟我说："你一直在问，学生有没有真正去思考这个问题？让他去表达，而不是你一直逼着他去回答。对吧？其实你提问不用太过频繁，问题也可以适当减少，让学生之间也来多聊聊这个事儿。虽然说我们想通过问题驱动来刺激学生表达，但是你问得太多，好像学生也没有这样静下心去思考这个事儿。"我觉得当时老师说的这一点对我也是一个提醒。

附录 5 课堂观察转写样本

T: So, good afternoon, boys and girls.

Ss: Good afternoon, teacher.

T: Now sit down, please. OK. First one, let's welcome all the teachers to our school. Now, welcome.

(Warmly applauding...)

T: So before our class, I want you to listen to a song. My question is: Are you familiar with this song?

(Playing a song... "Twinkle twinkle little star, how I wonder what you are? Up above the world so high, like a diamond in the sky. Twinkle twinkle little star, how I wonder what you are?")

T: OK. Are you familiar with this song?

Ss: Yes.

T: OK, what's the name able to play?

T & Ss: Twinkle, Twinkle, Little Star.

T: OK, but many of you may be not very familiar with this version. Now we know this song, here, very much, right? Now would you like to read together now? Twinkle, Twinkle, go!

Ss: Twinkle twinkle little star, how I wonder what you are? Up above the world so high, like a diamond in the sky. Twinkle twinkle little star, how I wonder what you are?

T: Ok. So, this song is very popular with children in the world, but do you know it is not only a song, but a poem with a history of more than 200 years. It's a poem. Besides this poem, do you know other English poem or English poets? Do you know?

S: Shakespeare.

T: OK, Shakespeare. Who else? Others please?

Ss: Tagore.

T: Tagore. An Indian poet, right? Now, who else? So, you are not very familiar with the foreigners. How about Chinese poets? Chinese poets?

Ss: Li Bai.

T: Yeah, Li Bai. Who else?

Ss: Du Fu, Bai Juyi.

T: Du Fu, Bai Juyi. Right. OK. So now how about the Chinese poems? Do you have a favorite Chinese poem? You have? So, I know you have learned a poem today in the Chinese lesson. What is that?

Ss:《春江花月夜》.

T: OK. And how about the other Chinese poems? You like, your favorite. Do you want to share your favorite Chinese poem with us? You can recite it in Chinese. So, would you like to recite it for us?

S:《九月九日忆山东兄弟》.

T: OK.

S: 独在异乡为异客，每逢佳节倍思亲。遥知兄弟登高处，遍插茱萸少一人.

T: OK, very good, Sit down please. Now how about the other Chinese poem? Now XX, would you like to share with us?

S:《静夜思》.

T: OK. Please recite this poem for us.

S: 床前明月光，疑是地上霜。举头望明月，低头思故乡.

T: OK. It's a very simple Chinese poem. So why do you like it?

S: Because it's very simple.

T: How many words in each line?

S: Five words.

T: Ok. Five words, right? So, we call it a five words long poem, right? So, it is a sentence structure, five words poem. What else reason?

S: This poem expresses a kind of emotion of homesickness.

T: The emotion of homesickness. OK. So when you read a poem, what's in your mind?

S: Picture.

T: There is a picture. What kind of a picture is it?

S: Li Bai sat on the bed, and looked out for the moon... and...

T: So how about the moon?

S: Very bright.

T: Very bright. All right, so what we call that in Chinese lesson? Chinese teacher has told you, what is it?

S: 意象.

T: 意象, right? So we call the imagery. So, what is imagery, let's see. Imagery is a picture of idea that the poet wants to convey in the poem. Right? So, do you have other reason? No, sit down, please. So when we appreciate《静夜思》, you will find there are some sounds are pronouncedvery similar. So, what are they? In Chinese, we say...

Ss: 押韵.

T: 押韵 . OK. OK. Yeah. From English, we call it rhyme. What is rhyme? Yeah, let's see. Rhyme is a repetition of similar sounds or the same sound in two or more words. It's a rhyme, right? So what other aspects that we can appreciate the poem? When you read a poem, you read not very quickly, right? So, we have no what's in a poem while you read, it just like sings a song, we say, well, speech, right? We called beat. So, in English, we call them what? We call them rhythm. So, what is rhythm? Rhythm is a pattern of sound and silence, because very slow and also very fast, it can be strong and it can be soft, right? So what else? What other reason that you like Chinese poems? For example, we have known 春风又绿江南岸 , right? So here, when we talk about this one, we say the writer uses what?

S: Use very beautiful sentences.

T: Very beautiful words, right? 绿, not other words, right? Sit down, please.

So here we say it is a usage of language. This is what we have learned in Chinese lesson to appreciate a poem. Appreciate the Chinese poem. Now let's see, can we use them to appreciate the English poem? English poems. Now please look at your paper. There are eight poems, so I want you to read aloud, read eight poems around, now, read it, go.

(Reading...)

T: Finish reading? OK. What do you think of the English poem?

S: Something is familiar with the Chinese poem.

T: Something is very familiar with China, aha?

S: They also have rhyme.

T: Ok, they have rhyme. When you first look at the Chinese poem, it's easy or difficult to understand?

Ss: Difficult.

T: And how about English poems.

Ss: Easy.

T: OK, easy to understand. So, the next one, here. Now we learn to appreciate the English poem. So, I have five groups of poems. Now please choose one. Yeah, yeah right now. Each student will get a piece of paper. I want you to read the texts, the paragraph and the poems in your paper, finding out the characteristics of poems based on these aspects, such as structure, rhyme, the usage of language, imagery and emotion, and finish the mind map in your poster.

So, we can use this form we are very familiar with, right? We can also use this form, a brief map. And you can use a different form of mind maps. And so, when you read a poem in the text, if you find other aspects to appreciate your poem, you just add it in your mind map. If you find something new, you just add it to your poster. Got that? Can you understand me? Yes or no?

Ss: Yes.

T: I'll give you 15 minutes to read the paper and finish your poster. Tell me yes or no?

Ss: Yes.

T: Now, good. Do that.

T: Now, attention. So maybe your poem — rhyme, maybe it doesn't — rhyme. So you just say rhyme or doesn't rhyme. And how about the reason? According to your understanding, you can say strong or soft, slow or fast. So, if you find something new, you just put it in your poster. Understand?

Ss: Yes.

(Discussing...)

T: Now, here, I want to give you four minutes, and I want you to prepare the presentation in your group. And later we will present your work, present your poster, right? And I want you to prepare how to present them. And you must find the supporting ideas in your text. In your poem, for example, you say this poem is very happy. Now just give me the supporting ideas. Why do you think it is very happy? If you think poem is very strange, you just explain why you think the poem is very strange. You find a supporting idea, the evidence in your poem. Got that? Can you understand me?

Ss: Yes.

T: OK, four minutes to prepare the presentation. Now, go. Now please stick your poster on the whole. Every group. Now, go.

(Preparing and discussing...)

T: Now two students in each group are responsible for introducing your poster and another student taking notes here. Take notes on the blackboard. And the rest of the students, you just listen them carefully and also take notes in your paper. Mhm? So, the first group is? Your group, OK. Which two students? Who are responsible for taking notes and introducing?

Ss: (Choosing and deciding...)

T: Now, yeah, the first one is Cinquain. Now please introduce. Louder, please.

S: The sentence structure is five lines. The first line is a noun. The second line is two adjectives. The third line is three -ing forms.

T: Three doing, right?

S: The four line is four words and the five line is one word.

T: OK. How about the rhyme?

S: It has a rhyme and the rhythm is very fast.

T: OK, the rhythm is very fast.

S: It uses five lines, so we think the usage of language is [simply].

T: It's very [simple], right? How about the imagery and emotion imagery?

S: The imagery, em, it can show us a strong picture.

T: A strong picture. Now can you tell me what's the picture in the first poem?

S: The first is brother.

T: The Brother, OK. What kind of brother does he look like?

S: He is beautiful.

T: The Brother is very beautiful? Do you think brother is very beautiful? So what kind of brother in your mind when reading the poem? How about the other student can help them? Aha, very friendly and also very what? How about other group? Also? Very beautiful brother, but also very... louder... athletic, right? Athletic here means very what?

Ss: Strong.

T: Very strong, sunshine boy, right? OK. So how about...

S: And they tease and shout and laugh with each other. And you can see here they are both friends and enemies. So, I think they are very friendly.

T: Now, that means their relationship is very what? Do you have brother now? Do you have cousins? How about the relationship between you and your cousin?

S: We are very close.

T: Very close, right? Just we say, good brothership. Right? OK, how about the second one?

S: I think it is a little negative. In summer, they are very sleepy, salty. They drying, drooping and dreading. So, I think he's a little bit negative.

T: A little bit negative. Lesley, now feelings they like or dislike summer?

S: Dislike.

T: They dislike summer, right? From the word just now, he had said. So how about this picture? They dislike summer, got that? OK. So that's all?

Ss: That's all.

T: Do you have anything to say? Do you have? No? OK, very good. Thank you. Thank you. So the second poem. OK. So the two students present their work and one student takes notes. And other students try to take notes. Listen and take notes. Now shall we begin? Now listen.

S: Our group presents the list poem. First is the sentence structure. We think it is a flexible line length?

T: Flexible line length, right? Uh-huh, what does it mean, "flexible line length"?

S: Every sentence has the same line.

T: Has the same or different?

S: Different.

T: Has the difference, right? OK. And the next one.

S: They repeat.

T: Yeah, they have the repeated phrase. So, tell me what's the repeated phrase? Now look at the list poem. What's the repeated phrase?

S: "I saw, I saw..."

T: Ok, a lot of "I saw", right? OK, this is the first one. How about the second poem? The second poem...

S: "If..."

T: A lot of "if ", right? Go on.

S: And the rhyme?

T: The rhyme? Louder, please.

S: The rhyme of the first poem.

T: Let's see the rhyme of the first poem. Just read the word. Number one...

S: Fire.

T: Aha, go on.

S: Squire, high, sky, lead, dead, race, lace, cat, hat, too, true.

T: OK, how about the second poem?

S: The pleasant rhyme.

T: The pleasant rhyme. OK, go on.

S: The rhyme...

T: Rhythm.

S: The rhythm of the first poem is slow and the second one is strong.

T: The second one is strong. OK, go on.

S: The usage of language is "overstate".

T: Can you explain what is "overstate"?

S: I saw a house fall to square.

T: I saw a house fall to square. OK.

S: I saw a cottage in the sky, aha, it is "overstate".

T: Can you understand what's "overstate", other students? For example, I saw a house fall to square. I saw a cottage in the sky, make things become bigger and bigger, bigger than the real states. Um, is it all right? Go on.

S: The first poem is imagery. And the second one is not.

T: How about the first one? Imagery is what?

S: It's said fish pond are on fire.

T: Mhm, only one thing?

S: Cottage in the sky.

T: OK. So a lot of things, right? So what kind of things they are?

S: Something that impossible.

T: OK, impossible. But they are what?

S: They are true.

T: They are true, right? Just like the last sentence — strange impossible, but they all true, right? OK, go on.

S: And full of imagination.

T: OK, full of imagination.

S: The emotion of the second poem is regretful.

T: So, can you tell me what they are doing in the second poem? Let's look at the second poem. What does the rhyme the poet want to express, we say regrettable, right? Regretful. So, what they're doing? If I do these things is... mhm. Why do you think he is regretful?

S: Because he said there are lots of things to regret and he has a few minites to...

T: Ok, so we just have a lot of things to regret, right? But in fact, they are making what? Did he lose the job?

Ss: Yes.

T: Yes. Right. But they just find the reason. Right? So, they're making a what? Louder, louder, making the excuse, right? Very good. Mhm. That's all?

S: Yes.

附录 6　教师反思日志样本

在 2019 年下学期我非常幸运地参加了 ××× 教学改进项目，也非常感谢 ××× 教授对我的指导与帮助。在 ××× 教授的指导下，我深刻理解了什么是主题意义探究，为什么要进行主题意义探究以及如何实现主题意义探究。我觉得主题意义应该包含两个层面。第一个层面是读者通过文本内容、文本结构语言，判断或者提炼出来的文本想表达的思想和精神；除此之外，还要挖掘该主题在社会语境下的实践意义。事实上，文本内容、语言和结构是我们可以直接获取的。但是主题意义是需要读者判断和提炼出来的，具有一定的间接性、开放性和多元性。要实现语言意义探究的第一步就是让学生充分与文本对话，与他人对话，与自己对话，在积极互动中逐步建构起来。此外，主题意义的探究有别于话题和主题，更应该考虑其社会属性的实践意义和学生综合品质的培养。也正是中学生核心素养中强调的，要培养学生用所学的知识、关键能力与必备品质，来解决陌生、复杂生活情境中的实际问题。

在原始设计的主题意义探究中，我设计了三个活动。

活动一：学生通过小组活动，用思维导图的形式获取有关英国生活方式的事实性信息。

活动二：学生基于获取的事实性信息，表达入乡随俗的必要性和重要性。

活动三：学生给即将去英国旅行的朋友写建议信。

结合上文对主题意义的理解，原始设计存在以下几个问题：

1. 文本要表达的思想和精神不应该只停留在必要性和重要性上，更应该引导学生关注入乡随俗是促进世界交流的基础。

2. 本文主题意义的社会属性不仅落在解决身边人的问题角度，更应该在真实的语境中，提升学生的实际跨文化交往能力，从促进世界交流的积极推动者层面会更有意义。

因此，我做了以下修改：

教学目标与重、难点

1. 学生通过独立阅读，用思维导图的形式，获取和梳理英国风土人情的事实性信息。

2. 基于所获取的英国风土人情的事实性信息，对作者写作意图进行分析判断，形成对跨文化交际的自主观点。

3. 学生以课本剧表演、制作英语文化节海报及演讲展示的形式完成主题为“Understanding the World Culture, Promoting the World Communica”的宣传片的准备工作。

除此之外，在主题意义定位问题我也出现了过度解读的问题。

因为这节课本身文章篇幅不长，语言简单，按照常规教学 40 分钟我觉得足够了。但是一下子变成 90 分钟，我就开始在主题意义定位上进行了加工。开始是设计为，基于所获取的是事实性生活方式，探究其历史成因；说实话我自己找了相当多的资料，也没太明白，大体用英国的绅士文化做一些链接，提供了一些视频和语言材料。这个在第一次说课的时候就被叫停了。后来在设计的时候，我还是觉得 90 分钟太长，我就加入了中西文化对比，一下子冲淡了英国生活方式的主线。

通过前两次试讲，虽然没有成功，但让我对文章主题定位也提升了一些认识。事实上，从个体阅读的角度，文本解读本身是十分多元化与个性化的。可能我在阅读过程中，就会想英国为什么要喝下午茶？是中午吃不饱，还是晚上吃的晚？英国人排队文化是怎么形成的？为什么车来了，不赶紧上，还不急不慌地？因此我们可以发现，不同阅读者会根据自己不同的生活经验和已有的认知结构，而生成不同的主题。但是在课堂这样的教育情境中，就需要教师引导学生了解和体验适切的、更具有生命成长价值的主题，体现文本的“课程意义和教学意义”。所以，在这样的理解下，我还是心甘情愿地去掉了我原有的这两版教学设计。

同时，我觉得探究本身是一个过程，要通过搜寻、调查、探究、检验信息等活动来开展。它是一个在活动中不断提问、修改和质疑的过程；它是一种主动思维、高阶思维的学习方式。我觉得探究的一个大核心就是“自主发现和自主形成”，它具有一定的主观性和创造性。另外，绝对不能直接告诉学生“与教学目标相关的概念和策略”，而是创造一种认知和社会交往语境，让学生通过探索发现这些概念和策略。

以我这节课为例，在原始设计中，学生获取英国生活方式的时候，我设计的教学流程如下。

第一步：学生独立阅读，文章在讲什么，从哪几个方面讲的——确立大意。

第二步：选择适合篇章结构的思维导图模板，补充细节——形成初步结构框架。

第三步：小组合作完成知识结构图。

看似没什么毛病，但是学生在实际过程中却出现了问题。

问题一：学生比较容易地说出英国生活方式，如传统食物和下午茶，排队文化或者秩序文化，称谓是文章没有直接语言提供的，也是学生读一遍很难提炼出来的。所以为了解决这个难题，我通过设置问题，引导学生给出我想要的答案。可想而知，只有部分孩子呼应出来。（老师强行的概念干扰）

问题二：确立结构，我让学生选择结构图的方式，帮助学生建立思维导图的雏形。

问题三：和很多小组活动一样，我们要考虑的是哪些活动适合小组活动；一般情况下，都是任务可以用分解、合作的形式完成的更适合小组活动；显然这个环节是本节课的核心基础，需要每个学生个体充分与文本对话，自主建构知识结构图。

所以，基于×××教授的指导，更正为：

第一步：学生第一遍阅读后，教师提问你知道了哪些，学生显然给出的都是零散的信息。

第二步：教师做示范，构建第一个知识结构图，并让学生思考和提炼这段是关于什么话题的。

第三步：学生自主完成其他三部分。

这样修改后，给予了学生充分的获取信息、处理信息、归纳总结的时间，保证了百分之百的参与率。

第四步：个体学生阐释并理解与英国风土人情相关的表层信息，学生提问和质疑，后修改完善自己的知识结构图。

以上修改保证了学生在与文本他人自己的积极互动中，完成主题意义探究的基础。

此外还要考虑探究过程中问题的设计，即问题所承载的意义是否能引起学生的认知冲突或者认知提升。原本的设计：如果你去英国，你觉得入乡随俗重要吗？后来修改为：王慧为什么要分享这个经历？了解文化—入乡随俗—促进了世界交流。同时，王慧的实际行动进行了文化的传播。那么你愿意像王慧一样，做文化交流吗？顺利过渡到为促进世界交流展示宣传片活动。

事实上除了这些，我还收获了如何在综合活动中落实实现教学评一体；解决了我每次综合性活动中无法保证孩子全员参与、部分学生对要求不明晰和不知道衡量评价尺度的问题，评价量表就能很好地解决这个问题；保证了学生在学中做、在评价中进一步学习；发挥了评价的引导性、针对性、诊断性以及优化改进性！

后记

2017 年笔者有幸获得了教育部人文社会科学研究一般项目“生态学理论视角下中国中小学英语教师信念发展研究”（批准号：17YJC740076）。在接下来的三年时间内，笔者按照研究计划，顺利完成了项目的实施，如今该项目的研究成果即将出版，在此向所有帮助笔者完成该项目的老师和同学们表示深深的谢意！

感谢项目结项评审专家林立教授、张金秀教授、田贵森教授、孙迎晖教授、于晖教授对本书提出的宝贵意见和建议！

感谢笔者的博士生导师北京师范大学外国语言文学学院程晓堂教授和博士后导师罗少茜教授对本书出版提出的宝贵意见和建议！

感谢北京师范大学外国语言文学学院苗兴伟院长、陈则航副院长、于晖副院长、英文系王楠主任对笔者的鼓励和帮助！

感谢北京师范大学外国语言文学学院王蔷教授一直以来对笔者的关心和指导！感谢钱小芳老师、潘琳老师对笔者的帮助和支持！

感谢来自全国 22 个省份的 2080 名中小学英语教师参与填写调查问卷！

感谢六名个案研究参与者！不能在此称呼她们的真名令笔者感到非常遗憾。如果没有她们的坦诚，笔者将无法收集到真实的数据；如果没有她们的支持与包容，笔者的研究将无法开展。她们的坦诚、支持与包容令笔者深深感动，这份感动笔者将永远铭记在心！

感谢北京市高中英语教研员陈新忠老师、北京市初中英语教研员蒋京丽老师、北京市丰台区初中英语教研员车向军老师、北京市昌平区小学英语教研员林红老师、北京市 101 中学李美萱老师、对外经贸大学附属中学（北京市第九十四中学）王云娟老师、外语教学与研究出版社马超老师、外语教学与研究出版社冯辰老师、上海市实验学校陈申老师、甘肃省兰州市第三十四中学谷桃老师、黑龙江省哈尔滨市小学英语教研员马英春老师、西藏自治区拉萨市第八中学旺堆平措老师、天学网李慧贤老师、山东省青岛39中曹锋老师、广东省湛江市初中英语教研员庄海滨老师、河北省承德市教育局中学英语教研员张建伟老师、贵州省遵义市南白中学龙波老师、贵州省遵义市第四中学胡仕吉老师、深圳市深中南山创新学校刘晴老师帮助笔者发放调查问卷！正是在你们的大力帮助下，本研究才得以收集到了2080份有效调查问卷！

感谢我的硕士研究生荆璐同学利用寒假和暑假时间和我一起设计调查问卷、整理问卷、分析数据、讨论研究结果，感谢她的辛苦付出！祝愿她的学术之路一切顺利！

感谢笔者的家人！感谢天堂里的父母！感谢笔者的公公和婆婆！感谢大姐晓东、二姐晓玲和三姐晓杰一直以来对笔者的关心和支持！感谢笔者的爱人，为了能够让笔者安心地、顺利地完成项目，他一直毫无怨言地独立承担着家庭的全部重任。最后要感谢笔者那乖巧懂事的女儿萌萌，她的鼓励和支持是我完成此次项目的最大动力！

最后，本书得以顺利出版还要特别感谢外语教学与研究出版社的各位老师！